北大社 "十三五"职业教育规划教材

高职高专财经商贸类专业"互联网+"创新规划教材

创业实务

施让龙◎主编

内 容 简 介

本书是在响应国家"大众创业，万众创新"的号召下，结合当前大学生创业、创新实践情况编写的实务教材。本书内容结构按照大学生创业的实际操作过程来组织，引导大学生了解创业者、创业、创新思维的本质，进而熟知创业机会识别、创业项目选择、创业团队组建、创业资源整合、创业计划书撰写，最终为创业梦想而努力做准备。

本书是大学生创业指导教材，适合作为高职高专的通识课教材和专业基础课教材，也可作为大学生创业前的必备读物，还可供社会创业者阅读参考。

图书在版编目(CIP)数据

创业实务/施让龙主编. —北京：北京大学出版社，2016.6
（高职高专财经商贸类专业"互联网+"创新规划教材）
ISBN 978-7-301-27293-0

Ⅰ.①创…　Ⅱ.①施…　Ⅲ.①大学生—创业—高等职业教育—教材　Ⅳ.①G647.38

中国版本图书馆 CIP 数据核字（2016）第 170102 号

书　　　名	创业实务 Chuangye Shiwu
著作责任者	施让龙　主编
策 划 编 辑	蔡华兵
责 任 编 辑	蔡华兵
标 准 书 号	ISBN 978-7-301-27293-0
出 版 发 行	北京大学出版社
地　　　址	北京市海淀区成府路 205 号　100871
网　　　址	http://www.pup.cn　新浪微博：@北京大学出版社
电 子 信 箱	pup_6@163.com
电　　　话	邮购部 010-62752015　发行部 010-62750672　编辑部 010-62750667
印 刷 者	北京虎彩文化传播有限公司
经 销 者	新华书店
	787 毫米×1092 毫米　16 开本　11.75 印张　293 千字 2016 年 6 月第 1 版　2021 年 1 月第 4 次印刷
定　　　价	30.00 元

未经许可，不得以任何方式复制或抄袭本书之部分或全部内容。
版权所有，侵权必究
举报电话：010-62752024　电子信箱：fd@pup.pku.edu.cn
图书如有印装质量问题，请与出版部联系，电话：010-62756370

本书编委会

主 编 施让龙
编 委 崔万珍 洪 瑜 王建梁

前　　言

大学生是最具创新、创业潜力的群体之一。积极响应国家"大众创业，万众创新"的号召，开展大学生创业、创新实践活动，培养具有开创个性的创业型人才，是高职院校实施"产教融合，工学结合"的核心内容，也是推进大学生创业、创新的动力之源。然而，"创业实务"并非狭隘地教大学生如何去创业，而是对其进行思维训练，教授其职业生涯发展所必备的专业知识与技能，并陶冶其热情、投入的工作态度，更重要的是培育其创业家精神。

【知识拓展】

关于本课程

创业实务是高职院校的一门技能性课程，也是创业管理专业重要的一门专业基础课，它主要介绍创业、创新的基本概念及方法技巧，是大学生创业前必须掌握的一项职业技能。

同时，创业实务是一门理论性与操作性都很强的课程，需要具备管理学、市场调研、市场营销、生产作业、财务分析等专业知识，也需要结合运用多种技能与方法的专项实践活动。因此，创业实务的教学必须理论联系实际，结合丰富生动的案例，从现代管理学、逻辑思维学、社会学等诸学科角度出发，全面揭示创业实践活动的内涵、要素、原则及其一般程序、规律和技巧。

创业实务课程的实践活动一般指学生通过一定的创业实务理论基础的系统学习后，在创业导师的指导下，进行创业素质测评、创新思维训练和创业实践活动的实际操作。可见，本课程强调学生的参与式学习，以学生为主体，能够在较短的时间内使学生在创业专业技能、创新思维、实践经验、工作方法和团队合作等方面有所提高。

关于本书

本书特别关注大学生创业、创新的需要，尤其注重创业过程的实践锻炼。因此，根据大学生的自身素质、课程大纲和社会经济现状及企业实际需要来设置知识框架和选取素材，内容"必需、够用"，情境典型，案例生动，语言风格接地气，有利于教师教学和学生自学。

本书的内容结构是围绕大学生创办企业的实际操作流程来组织的。首先，通过对创业者素质、创新思维的知识整合，培养创业者应具有的辩证思维方式和良好的创业家精神。其次，通过对识别创业机会、选择创业项目、组建创业团队、整合创业资源及撰写创业计划书的流程设计，使创业者掌握创立企业的基本知识、创业理念与顺应市场需求变化的技能，有利于其创业实践活动实施时规避创业风险，提升创业效率。最后，在总结前述知识、技能的基础上，梳理创业前的准备事项，以供创业者参考。

本书各章中适时穿插创业案例，并有针对性地设计创业实践活动，以培养创业者解决创业实践活动中具体问题的能力。

如何使用本书

本书内容可按照 32~48 学时安排，推荐学时分配为：第 1 章 4~6 学时，第 2 章 4~6 学时，第 3 章 2~4 学时，第 4 章 4~6 学时，第 5 章 4~6 学时，第 6 章 2~4 学时，第 7 章 10~12 学时，第 8 章 2~4 学时。教师可根据不同的专业灵活安排学时，课堂讲授结合案例分析，重点引导学生进行实践操作，将理论教学与实践教学融为一体，让学生"在做中学，在学中做"，使其在实践活动中发现问题、培养兴趣、积极参与创业实践。譬如说，让学生动手撰写《创业计划书》等材料，可全面巩固所学知识，深入理解创业艰辛。

在教学方法上，每章可采用不同的教学方法，如案例分析法、情景模拟法、角色扮演法、工作坊教学法、多元化评估教学法等进行教学。譬如说，在学生之间开展互相评估或进行自我评估，让教师有更多的空间进行观察，从而做出正确的创业指导。

本书编写队伍

本书由杭州万向职业技术学院施让龙担任主编，杭州万向职业技术学院崔万珍、宁波银行杭州分行营业部洪瑜、浙江万向钱潮轴承有限公司王建梁参与编写。全书由施让龙负责整体设计和定稿，洪瑜负责全书校对。

本书具体编写分工为：第 1 章、第 2 章、第 5 章、第 6 章、第 7 章由施让龙编写；第 3 章由洪瑜编写；第 4 章由崔万珍编写；第 8 章由王建梁编写。

特别感谢万向职业技术学院工商管理系主任章建新教授，为我们提供了大量珍贵的文献资料，并给予本书编写许多具体的指导和帮助。在编写过程中，还参考和引用了国内外有关创业方面的文献资料，并根据校企等多方意见进行了深入修改。在此谨向相关文献资料的作者和对本书编写、出版提供过帮助的人士表示衷心的感谢！

由于编者水平有限，编写时间仓促，书中难免存在不妥之处，敬请广大读者批评指正。您的宝贵意见请反馈到电子信箱 36186079@qq.com。

编　者

2016 年 1 月

【精彩汇总】

目　　录

第 1 章　创业者素质 1
1.1　创业动机和人格特质 3
1.2　创业的前提条件 7
1.3　创业行业的选择 10
1.4　产生一个企业构想 14
1.5　建立一个商业模式 16
1.6　创业个案呈现 20
创业指导 22
拓展与思考 23
思考题 24
创业素质测评 1 24
创业素质测评 2 25

第 2 章　创新思维 27
2.1　创新思维的内涵 29
2.2　创新思维的表现形式 35
2.3　培养创新思维的方法 42
创业指导 49
拓展与思考 50
思考题 52
创新思维训练 1 52
创新思维训练 2 53
创新思维训练 3 53

第 3 章　创业机会的识别 55
3.1　创业机会的内涵 56
3.2　创业机会的发现与识别 59
3.3　创业机会的评价 62
创业指导 66
拓展与思考 66
思考题 67
创业实践活动 1 68

第 4 章　创业项目的选择 69
4.1　创业项目的选择内容 70

  4.2 创业项目的选择方式 74
  4.3 创业项目的选择技巧 79
 创业指导 81
 拓展与思考 82
 思考题 83
 创业实践活动 2 83

第 5 章 创业团队的组建 84
  5.1 创业团队的内涵 86
  5.2 创业团队的组建 91
  5.3 创业团队的风险与控制 98
 创业指导 101
 拓展与思考 102
 思考题 103
 创业实践活动 3 103

第 6 章 创业资源的整合 104
  6.1 创业资源的内涵 105
  6.2 创业融资的内涵 114
  6.3 创业资源的管理 120
 创业指导 127
 拓展与思考 128
 思考题 128
 创业素质测评 3 128

第 7 章 创业计划书的撰写 130
  7.1 创业计划书的内涵 132
  7.2 创业计划书的构成要素 134
  7.3 创业计划书的撰写方法 145
  7.4 创业计划书的评价 149
  7.5 创业计划书的演讲 150
 创业指导 152
 拓展与思考 153
 思考题 153
 创业实践活动 4 153

第 8 章 创业前的准备 155
  8.1 创业前的准备工作 156
  8.2 创业的流程 158
  8.3 创业的机遇与风险 163

8.4　企业的社会责任 166
创业指导 170
拓展与思考 170
思考题 171
创业素质测评 4 171

附录 173

参考文献 178

第 1 章

创业者素质

　　创业，其实就是想做事，想做实事，但不一定是什么惊天动地的事，而是把自己的事做好，一点一滴积累，到一定程度就是大事了。在创业途中，一个人的知识、经验、能力、资本并不重要，敢想敢做是创业的前提，拥有超人的胆略才能在创业路上乘风破浪。创业者还要有一定的境界和高度，要考虑团队、行业、社会的关系，没有这样的高度，就不能与时俱进。

——苏宁电器董事长　张近东

【名人简介】

【学习目标】

知 识 目 标	能 力 目 标
（1）掌握创业的含义和创业动机的内容。 （2）理解创业者产生创业动机的驱动因素。 （3）了解成为一名创业者所需要的资质	（1）能够寻找到自己创业的驱动力。 （2）能够为自己创业建立一个好的商业模式

【导入案例】

小创意缔造大财富

在北京奥运会期间，合肥一个"80后"动漫制作人李某，大胆艺术创新推出了40集《奥运评书》动画片（图1.1），并在全国110多家电视台播出。这份老少咸宜的奥运大餐一举缔造出一个财富传奇。

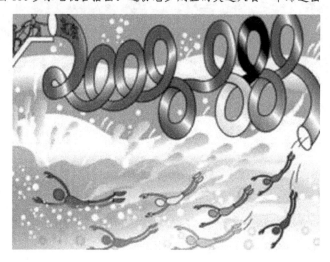

图1.1　《奥运评书》动画截图

2002年，李某从艺术设计专业毕业后，和大多数毕业生一样，选择在一家动漫广告公司当设计人员。当时，动漫产业在合肥并不兴盛，他兢兢业业工作了一段时间后，便决定去北京、上海等大城市闯一闯。

见了大世面后，李某发现，中国有5亿多人看动画片或漫画书，是世界上最大的动漫市场，潜力巨大。但遗憾的是，这块巨大蛋糕只有10%的收益属于中国，中国本土的动漫产业才刚刚起步，根本没法和国外相抗衡。看着这一串串数据，他心里有些沉重，同时萌生了一个大胆的想法：不如自己当老板，开一家动漫公司。

说干就干，2004年，李某回到合肥，凭着2万多元起家，在经济技术开发区租了一间平房，办起了动画有限公司。他给自己公司取名为橡树动画公司，因为在他眼里，橡树高大挺拔、木质坚硬，堪称树中的伟丈夫。橡树精神就是他自己的创业理念，鞭策着每一位橡树动画成员不断向上攀越。就这样，在简陋的小屋里，靠3台计算机和两个员工起步，他开始了最艰难的创业。

在接下来的一年多时间内，让他没有想到的是，公司居然没有接到一笔大的业务，只能靠接做一些大的动漫公司分包给他们的简单网络FLASH小广告。此时，他已经清醒地认识到，自己的公司虽小，但已经具备独立制作一部完整动漫剧的能力，缺少的只是机会，眼前最需要的就是，能接到一笔展示公司实力的业务。

2005年8月的一天,他去朋友家玩,在闲聊的过程中,已为人父的朋友,对他大倒教育子女的苦水,称年纪很小的儿子根本不听话,有时甚至和自己对着干,不爱学习,整天就喜欢抱着电视看动画片,要是谁能帮他支一个招儿就好了……不听话,不爱学习,喜欢看动漫,这是不少城市小孩的共性。说者无意,听者有心,朋友的一席话,立即点燃起他心中创意的火花,为什么不制作一部以家教故事为主题的动画片,让家长和孩子共同观看,以达到寓教于乐的效果呢?

李某一拍大腿,兴奋不已,对,就朝这个方面努力。回到公司后,他立即着手收集家教方面的素材。考虑到动漫必须有故事性、趣味性,并兼顾动手参与性,才能吸引儿童和青少年的特征,他决定以故事为案例。经过6个多月不分昼夜地紧张制作,2005年年底,48集经典案例家教动漫剧《成长第一课堂》(图1.2)正式面市。

《成长第一课堂》分为小学篇和中学篇,故事以幽默的动漫情景剧展示小主人公的成长历程,非常适合家长和孩子一起观看。该剧一问世,就被北京的一家大型出版发行公司代理发行,第一次发行了6万套,仅仅几个月便销售一空,市场反响强烈。2007年该剧被教育部评为"五个一工程奖"优秀国产推荐动画片。《成长第一课堂》一炮走红,让李某赢利近百万元,成为他创业以来的第一桶金!自此他的创作灵感一下被激发,激情喷涌一发不可收。2007年,他的作品《安徽吉祥物》再获全国网络大赛金奖。

图1.2 《成长第一课堂》动画截图

(资料来源:http://www.qb5200.com/content,2016-01-28,有改动)

1.1 创业动机和人格特质

创业并非如有些人误解的那样——只有找不到工作的人才会去创业;也有些人把大学生创业看成就业困难的情况下的权宜之计。其实,大学生创业是更高层次、更积极、更有前途的就业方式。创业过程是一个不断抉择的过程,是成功与失败交织在一起的过程,是一个项目孕育、出生、发育和成长的漫长过程。

一、创业动机

1. 创业的含义

创业是指创立基业或创办事业,也就是自主地开拓和创造业绩与成就,是愿意吃苦、有创新精神的人,通过整合资源,捕捉商机,并把商机转化为赢利模式的过程。创业有广义和狭义之分：狭义的创业是指创业者的生产经营活动，主要是开创个体和家庭的小业；广义的创业是指创业者的各项创业实践活动，其功能指向是成就国家、集体和群体的大业。本书所讲的创业，主要是指狭义的创业。

创业意味着创造某种新事物。这种新事物必须是有价值的，不仅对创业者自身有价值，而且对其开发的某些目标对象也是有价值的。这里所说的目标对象可因创业者所处行业的不同或其创造事物的不同而不同，可以是产品，也可以是技术或服务，甚至可以是个人、团体和组织。这种新事物的创造需要一个过程，这个过程必须具有创新性。

2. 创业动机的含义

创业动机是指引起和维持个体从事创业活动，并使活动朝向某些目标的内部动力，是鼓励和引导个体为实现创业成功而行动的内在力量。创业者走向创业道路的创业动机有一定的特殊性。

不同学历的创业者的创业动机存在显著差异。学历高的创业者更多是机会型创业，趋向于为了开创事业的追求，把创业当作一项具有挑战性的工作对待；学历低的创业者以生存型创业类型为主导，更趋向于希望致富或为了生存的需要。

知识点拨

创业的动机虽然很多人都有，但并不是每个人都能够创业成功。在众多的创业者中，为什么只有少数的人能够创业成功？因为能否成功创业的影响因素很多，但是对于初次创业者来说，创业的动机在很大程度上决定了创业的成功与否，值得重视。

3. 创业的类型

（1）机会型创业。机会型创业的出发点并非谋生，而是为了抓住、利用市场机遇。它以新市场、大市场为目标，因此，能创造出新的需要或满足潜在的需求。机会型创业会带动新的产业发展，而不是加剧市场竞争。值得一提的是，世界各国的创业活动以机会型创业为主，但我国的机会型创业数量较少。

（2）生存型创业。生存型创业的目的在于谋生，为了谋生而自觉地或被迫地走上创业之路。这类创业大多属于尾随型和模仿型，规模较小，项目多集中在服务业，并没有创造新需求，而是在现有的市场上寻找创业机会。由于创业动机仅仅只是为了谋生，所以创业者往往小富即安，极难将事业做大做强。

知识点拨

在现实生活中，有些人对自己的工作很不满意，想自己创业却什么都没有，没有资金，没有特长，没有合适的项目。他们天天梦想着去创业，但是却又不敢付诸行动，这是创业最忌讳的。这样的人有创业的动机，却没有创业的激情和勇气，有的只是浮躁和不安。

俗语有云："不怕慢，就怕站。"不管什么事情，只要去做，总有成功的一天。如果只是一味空想，结果定是一事无成。让自己的眼睛动起来，手动起来，不要怕困难，不要怕吃苦，努力去做，总会有所成。

4．产生创业动机的驱动因素

1）生存的需要

（1）由于经济条件的原因，许多学生的家庭难以负担昂贵的学费。虽然有助学贷款、奖学金制度，但是也不能完全解决这个问题。在沉重的经济负担压力之下，为了顺利完成学业，这部分学生中的一部分人只好利用课余时间打工来维持正常的学习和生活。在打工的过程中，有一部分具有创业素质的学生能发现并把握商机，慢慢走上创业的道路。

【知识拓展】

（2）当前，我国高校学生中有很多是独生子女，他们很多人缺少独立性。但已经有一部分学生开始独立承担自己的学习、生活费用，在他们中也产生了一定数量的创业先行者。这部分学生通常都以学习为主要目的，从事一些需要投入时间、精力较少的行业，对经济回报要求较低。

2）积累的需要

按照著名心理学家、美国耶鲁大学行为学教授克雷顿·奥尔德弗的"ERG"理论，人的需求分为生存（Existence）、相互关系（Relatedness）和成长发展（Growth）。这三种需求并不一定严格按照由低向高的顺序发展，可以越级。当代大学生随着年龄的增长，对于相互关系和成长的需要会逐渐强烈。一部分大学生为了增加自己的实践经验，丰富自己的社会阅历，一部分大学生为了自己以后的发展或实现自己的某个目标做好经济上的准备，在条件成熟的情况下也会利用课余时间走上创业的道路。这个类型的创业者往往以锻炼为目的，承受失败的能力较强。同时，由于压力较小，基于这种动机的创业失败和半途而废的比例也较高。

3）自我实现的需要

心理学研究表明，20～29岁是创造力最为活跃的时期。大学生正处于创造能力的觉醒时期，对创新充满了渴望和憧憬。他们思维活跃、创新意识强烈，同时所受的约束和束缚较少，对成长的需要也更为强烈。另外，由于大学生所处的环境，往往更容易接触一些新的发明和学术上的新成果，甚至他们中的一部分人本身便拥有具有自主知识产权的科研成果。为了能早日实现自己成功的目标，他们中的一部分人改变了自己的成功观念，也开始了自己的创业生涯。

4）就业的需要

当前，我国的大学生就业形势相当严峻，一方面表现为就业市场需求不足，另外一方面表现为大学毕业生的工资待遇降低。在这种情况之下，很多人都找不到一份满意的工作，从而有一部分大学生开始了创业。

二、人格特质

【知识拓展】

创业是一种生活态度，一种理想，一种心态，也是一种人格特质的训练与培养。成功的创业者通常具备一些异于常人的特质，也就是说，并不是每个人只要外在条件具备就可以创业成功的。

创业和成立公司是截然不同的，创业者必须能以享受未来的不确定性及不安全感的心态来面对每一件事，并且从各种不确定因素中获得或探索出一些乐趣。也就是说，要当一个创业者，他的人格特质必须是鲜明且正向的。

1．人格特质的含义

人格特质是指在组成人格的因素中，能引发人们行为和主动引导人的行为，并使个人面对不同种类的刺激都能做出相同反应的心理结构。创业者必须具备一定的人格特质才容易吸引他人的追随与赞助。

2．人格特质分析方法

大学生创业前可以采用高登人格特质分析法与自我反问法来判断自己是否符合创业者的特质。

1）高登人格特质分析法

高登人格特质分析法的价格特征类型标准见表1-1。

【知识链接】

表1-1　高登人格特征类型

类　　型	正类型	反类型
谨慎型	（1）三思而后行 （2）不轻信别人 （3）慎重下判断	（1）冲动或凭预感行事 （2）常常冒险或投机 （3）寻求刺激与兴奋
独创性思考型	（1）喜欢批判性的讨论 （2）喜好创造或革新 （3）喜欢解决复杂的问题	（1）缺乏怀疑深究的心思 （2）宁愿实行而不愿计划 （3）喜欢先行动后思考
人际关系型	（1）社交成熟，善于与人相处 （2）常说别人的好处 （3）乐意接受批评	（1）避免与人交往 （2）容易被人激怒 （3）反抗别人的批评
精力型	（1）具有旺盛的精力和活力 （2）喜欢整天活动或工作 （3）能比别人做更多的事	（1）动作迟缓 （2）容易疲劳或厌倦 （3）缺乏耐性

每个人的人格特质都不一样，有些人容易冲动或凭预感行事，有些人慎重思考后才下判断，有些人喜好创造或革新，有些人喜欢先行动后思考……但无论哪一种人格特质，本质上都没有优劣高低之分。实际上，个人的人格特质是由许多因素（如家庭环境、同事影响、所属地区的价值观等）共同作用形成且不易改变的，但只要能将优势特征加以发挥，就能有利于创业精神的培养。

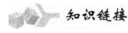
知识链接

影响大学生创业的其他因素

影响大学生创业的因素有很多，除了创业动机与人格特质等个人因素以外，还有经济因素、社会和政治环境、家庭背景及知觉组织支持等。

（1）经济因素是指金钱的诱惑，或者是各种创业形式的可能性。

（2）社会和政治环境是指当前政治的稳定性、社会的整体市场环境与劳动力的状况等。

（3）家庭背景是指创业者家庭对大学生创业的看法、经济与人脉关系上的支持等。

（4）知觉组织支持是指大学生所在的学校的支持（如经营场地、创业扶持基金等）与当地政府对大学生创业的支持力度（如创业环境、政策、资金、投融资中介组织等）。

一个好的创业者最需具备的人格特质就是乐观、勇于面对逆境的勇气,以及必须是诚实与务实的。创业者要寻找出自己最优秀的角色特质,并且积极地发展它,再适度地面对自己的弱点及不足之处设法解决或克服,正视创业背后可能存在的风险,这样才能拥有一个合适的创业者人格特质。

2)自我反问法

采用自我反问法进行自我人格特质分析时,可以从以下几个方面进行思考:

(1)你可以很清楚地描述出你的创业构想吗?如果你已经具备足够的创业构想,仅需要少量的文字就可以清楚地呈现。根据一般创业者的经验,若不能将这想法具体呈现,原因一般就是还没有仔细地思考并做好完善规划。

(2)你真正了解你所从事的行业吗?面对同性质的行业,你是否具备足够的竞争优势?你必须先对此行业有详尽的了解,才能在最短的时间内成功。

(3)你设想的出发点是为了谁?是自己还是别人?你是否打算在今后几年或更长时间内,全心投入这个计划中并且实施它?

(4)你的想法经得起时间考验吗?是否会因为时间的增加而减少对此想法的热情?仔细想想,一个星期、一个月甚至半年之后,你的想法会变成何种情况呢?是否依旧令人兴奋或者是否会产生了另外一个完全不同的想法来取代它?

(5)你见过别人使用这种方法吗?一般来说,成功公司的经营方法比那些特殊的想法更具有现实性。在有经验的企业家圈子中流传着这样一句名言:"还没有被实施的好主意,往往可能实施不了。"

(6)你有没有一个好的人脉?在创业的道路上,人脉是非常重要的一个环节。在大学生创业成功的道路上,人脉比知识更重要。现在的大学生人脉关系较少,如能在读书期间多交朋友,拓展人脉关系,在创业时也能多条门路。一个有成就的人,都有自己的一套人脉关系网,不管发生了什么事情都可以找人来帮忙解决。

(7)在致力于自己开创的事业中,取得理想甚至超越规划的报酬是一个经营者的最终目的,但所谓的"报酬"包含的不仅是金钱,还包括兴趣、角色及使命感,若无此认知,那就必须重新谨慎地审视目前的规划。

经过自我分析,若以上的问题都解决了,则你想完成的事业版图就有非常高的概率实现,就可以着手进行创业了;但若你有所犹豫,或者是有任何因素成为你在创业这条路上的阻碍,或许可以稍微缓一下,等待时机成熟时再开始创业行动。

 1.2 创业的前提条件

创业不是一件容易的事情,许多人往往只看到创业者风光的一面,却忽略了创业本身潜在的风险和创业者背后的艰辛。想创业,必须在创业前仔细评估自己是否具备创业的条件,要量力并三思而后行。

一、判断自己是否适合创业

在创业之前,创业者需要确认自己是否适合创业。你可以先思考以下几个问题:

【知识拓展】

（1）你是否有明确的创业目标？大学生创业喜欢跟风，说简单点，什么赚钱就干什么，例如，看到马云创业成功，就想开网络公司，想一夜之间成为另一个马云。但是马云只有一个，再赚钱的项目也未必适合自己。所以，创业者选择的创业目标应该是自己擅长的项目，这样自己才能做比较准确的风险评估。

（2）你准备投入多少？这里的投入包括精力和资金两方面。大家都知道，人的精力很有限，创业成功与否往往不取决于资金投入的多少，而是取决于创业者投入了多少精力在创业过程中。会分散精力的因素有多方面，例如，你的家庭是否支持你去做这件事？是否会影响到你的学业？是否有众多的反对者？你目前的智力、体力、情绪是否适合你要从事的创业项目？等等。总之，集中精力做事才是关键。

知识点拨

在资金方面，大学生可以先投入小点，采用阶梯式的方法投入。例如，你有 2 万元资金创业，且有一个好的创业项目，那就去参加各类的创业竞赛，想办法获得创业基金的支持；或者进入创业孵化园，先开始创业，逐步积累资金或者吸引其他途经的资金，共同创业。如果你有高新技术的创业项目，那就比较容易获取创业资金了，如政府创业基金的资助、风险资金的投入、银行的创业贷款等。

（3）你的资源有多少？这里指的资源是指创业的行业知识面、人脉关系链、资金链等。例如，你是否做过市场调研？是否有详细的创业计划书？你的产品是否能够满足客户要求？产品客户群体有多少？你的关系客户资源有哪些可以利用？有多少人愿意入股？资金链的投资方有多少？等等。

（4）你是否对自己的项目进行过风险评估？创业者需要对自己创业的项目进行风险评估，如市场分析、技术风险、管理风险、资金风险、财务风险、政策风险等，最重要的就是项目的赢利能力，项目的投资回报率是多少，以及项目是否有较好的发展前景等。

二、创业者必备的素质

【知识拓展】

大学生要想取得创业的成功，必须具备自我实现、追求成功的强烈创业意识。这会帮助创业者克服创业道路上的各种艰难险阻，将创业目标作为自己的人生奋斗目标。具体说来，创业者必须具备以下几种素质：

（1）有胆量。这个胆量，就是指敢想敢说，有胆识。创业者的心中都有一个大梦想，而且坚信这个梦想是可以实现的。中国式的教育讲究中庸，但中庸适合管理，不适合创业。中庸会让人思考过多，做事畏首畏尾，会让人缺少霸气，不敢触碰一般人所谓的"雷区"，这都是创业大忌。只有有了足够的胆量，才会有非凡的勇气去赌自己的人生，才会义无反顾地突破周围人群的"善意"劝阻，才会敢于承担失败的责任。

（2）有梦想。只有怀着大梦想，工作和生活才有充足的动力，才会勇敢面对变幻莫测的未来。

（3）有头脑。有头脑的人大都很理性，理性的思维特质会使得一个人理性分析现实状况，并给予准确定位，如对环境定位、对自我定位、对事业定位、对学习定位、对生活定位。如果没有一个很好的定位，也就不会有很好的发展，创业者的很多努力将会没有成效，而且越努力越迷茫越感到痛苦。

（4）有行动。很多大学生都不愿做基础的工作，比如端茶倒水、写简报，总感觉没有意思，认为做小事是浪费时间。其实，这是懒惰的借口，他不知道做这些小事的重要意义。当一个人做事之前都去先寻找借口的时候，他的发展空间几乎就没有了。

 知识点拨

"Just do it"，这是一个人很容易明白的道理，但多数人却很难把道理转化为行动，主要原因一是没有一个远大的梦想，二是休闲娱乐的东西太多，贪玩的心理让大学生丧失了很多成长的机会。

（5）有激情。当创业者认为自己具备了创业者的特质及态度后，也必须对创业这件事有热情，因为创业热情是激励创业的动力。热情就像一层纱，运用得当它就能给你的人生披上一层美丽的色彩；反之，它也会让你看不清人生的真实面。很多新创企业失败的主因，就是创业者过度乐观而缺乏客观性，进而无法正确分析现状。

 课堂阅读 1.1

马云对创业者的忠告

"创业者也许有多重身份，但最重要的就是有领导身份，领导的意义在于不是一个人把所有的事情都干完，也不是把所有的事情交给别人干，而是带领别人一起干。在创业路上，创业者不要做孤胆英雄。"马云作为领导创业者的管理模式有很大的启示。

【相关视频】

（1）应该拥有能让大多数成员接受的管理方式。企业的管理方式直接关系到老板和员工的关系，无论多么民主，员工永远都不能代替老板做决策，充其量是让其参与管理、提出合理化建议。因此，在管理时，要懂得如何掩盖这个矛盾，实行最大化的民主。

（2）懂得如何让成员接受自己的方案，并让他们保持一致。当领导创业者的管理风格和方式确定时，就要知道该如何让自己的团队成员在最大限度上和自己保持一致。企业为了获取最大利润，需要内部的高度一致。

（3）如果上下级之间有冲突，领导创业者要努力让成员采用和自己相同的步调。很多情况下由于掌握信息多少的不同，上下级的决策和看法是存在差距的，所以双方在看待问题上就会产生矛盾。领导创业者要做好内部的协调工作，使问题在内部消化掉，这是领导创业者需要花心思的一项重要工作。

（4）应该把成绩归功于成员，切不可自我夸耀成绩。根据马斯洛的需要层次理论，人们在脱离追求生存和安全两方面的需求后，进而要求地位和荣誉。在公众场合得到老板的赏识和表扬，把完成重大工作取得重大成就的功劳归功于成员的努力，接下来成员会更加卖力地工作。而作为领导创业者，就应该适时激励每位成员，使他们更为忠诚，更加努力工作。

（资料来源：http://136book.com/yongbufangqimayungeichuangye2heditangk2-1/qlqlqlvexe/，2016.5.1）

1.3 创业行业的选择

每位创业者都知道商机选择的重要性,但对于如何正确地选择在哪一个行业创业可能都不太了解。正确选择合适的创业项目,是成功创业的最重要基础,创业者有必要对创业的行业形态、创业行业的选择原则等进行分析。

一、了解创业的行业形态

一般来说,目前我国的行业形态主要有零售业、批发业、制造业和服务业四种。

1. 零售业

零售业是指通过买卖形式将工农业生产者生产的产品直接售给居民作为生活消费用或售给社会集团供公共消费用的商品销售行业,如图1.3所示。

图 1.3 零售业形态

2. 批发业

批发业是指批发商向批发、零售单位及其他企业、事业、机关批量销售生活用品和生产资料的活动,以及从事进出口贸易和贸易经纪与代理的活动,如图1.4所示。批发商可以对所批发的货物拥有所有权,并以本单位、公司的名义进行交易活动;也可以不拥有货物的所有权,而以中介身份做代理销售商。批发活动还包括各类商品批发市场中固定摊位的批发活动。

图 1.4 批发业形态

3．制造业

制造业是指对制造资源（物料、能源、设备、工具、资金、技术、信息和人力等），按照市场要求，通过制造过程，转化为可供人们使用和利用的大型工具、工业品与生活消费产品的行业，如图 1.5 所示。

图 1.5　制造业形态

4．服务业

一般认为服务业是生产和销售服务产品的生产部门和企业的集合，如图 1.6 所示。服务产品与其他产业产品相比，具有非实物性、不可储存性和生产与消费同时性等特征。在我国国民经济核算实际工作中，一般将服务业视为第三产业，即将服务业定义为除农业、工业之外的其他所有产业。

图 1.6　服务业形态

二、选择创业行业的原则

如何选择创业的行业？不同的人对此问题的回答是不一样的，有的人重视行业本身的特点分析，强调所选择的行业一定要具备发展前景、进出容易、有利可图等特性；有的人从个人能力方面分析，强调量力而行、施展自己专长等。创业者一定要把各种情况结合起来进行综合分析，具体可以根据以下三个原则选择合适的创业行业。

1. 熟悉原则

自主创业者犯的最大的错误可能就是选择了自己不熟悉、不了解的行业。创业者如果熟悉这个行业，就可以缩短熟悉行业的时间，也能集中精力做好其他方面的工作。

（1）选择熟知的行业。这几乎是每个成功创业者所崇奉的信条。就经营一个企业来说，成功与否很大程度上取决于你是否全面掌握和精通这一行业的基本情况和实务知识。

（2）选择与自己专业相近的行业。这样可以充分发挥专业技术优势，做到学用结合。

（3）选择能发挥自身特长的行业。特长是一个人最熟悉、最擅长的某种技艺，它最容易表现一个人在某种行业的能力和才华。事实证明，能够发挥自己特长的事业是最容易取得成功的事业。

2. 需要原则

创业是一种社会活动，任何行业也必须在一定的社会环境中生存和发展，因而创业者必须要考虑社会发展的需要。

（1）挑选有发展前景的行业。判断一个行业的发展前景，最有效的标准是行业生命周期理论。任何行业的产品和服务都有其生命周期，每一个生命周期都包括幼稚、成长、饱和、衰退四个阶段。有发展前途的行业大多是代表着社会发展需要的新兴行业，往往是处于幼稚或者成长阶段，并有进一步发展的趋势，对于敢想、敢干、敢闯、敢为人先的大学生创业者来说，选择这样的行业进行创业更能体现人生价值、实现人生理想。如果选择那些产品已进入衰退期或"气数"已尽、无多大发展前途及社会需求接近饱和的行业，是没有多少创业价值的。

（2）选择国家政策扶植的行业。国家政策支持、扶植的行业，必然会有很多优惠政策和条件，环境相对宽松，市场进入相对也会较容易。目前，国家为了鼓励大学生创业，在很多方面都给予了政策上的支持，有些行业是国家大力鼓励大学生进入的。选择此类行业进行的创业可降低创业风险，使创业容易获得成功。

3. 适合原则

【知识链接】

古人有云："三百六十行，行行出状元。"不论哪一行，都会有出类拔萃的人物。但这并不意味着创业者想干什么就一定能干好什么。创业者自身的经验、学识、能力、财力、社会关系等是很有限的，只能适合某几种行业，而不可能行行都适合。所以在选择行业时，创业者除了要考虑社会需要和自己熟悉的原则外，还要考虑将要从事的行业是否适合自己，即能否使自己的才能得到充分发挥，能否使自己的个性得到全面发展。

（1）选择需要人数少的行业。从经验上来说，即便在学校担任过学生会干部，这样的管理经验也是进行创业的很好的基础，但这两种管理毕竟是有区别的。整个管理过程是否能比较顺利有效地进行，对于创业的成功与否有很大的影响。所以，大学生初次创业时摊子不宜铺得太大，即使是团体创业也不能人手太多、决策意见不统一。一旦群体内部人手太多，往往会使创业目标不能一致、发生严重冲突，将会对创业造成恶劣影响，甚至导致创业失败。

（2）选择投资风险较小的行业。虽然从经济学的角度来说，风险和收益往往是成正比例的，但对于刚开始创业的大学生来说，选择风险大的行业是不明智的做法。因为这不仅要承受较大的心理压力，而且对于没有经验的大学生来说，他们对于整个企业的把控能力和行业状况分析能力也是有限的，创业成功率可想而知。所以，选择投资风险小的行业，大学生更容易获得创业成功，尝到创业甜头，从而能够激发创业斗志，提高创业的积极性；即使创业受阻或遭到失败，对其损失或打击较小，还可以"东山再起"，进行二次创业。

（3）选择资金周转较短的行业。大学生创业，大多数情况下都会遇到资金瓶颈，一方面是由于本身经济条件的限制，另一方面是因为投资公司往往不会青睐于大学生创业。对于大学生来说，创业往往缺少的不是知识、技能，更多的是缺乏必要的经费和周转资金。虽然，国家已经在资金方面出台了一些有利于大学生创业的政策，但是，创业是一个长期的过程，大学生又少有融资渠道，不少创业企业由于资金周转时间较长又得不到及时融资而中途夭折。

（4）选择利润较高的行业。大学生选择利润较高的行业进行创业，能够很快获取高额利润、收回创业投资成本，有利于创业企业的发展和规模的扩大。

三、增加创业成功的机会

要想增加创业成功的机会，创业者需要了解竞争对手、行业状况、成本花销，还需要推销自己、选择合适的经营地点等。

（1）了解你的竞争对手。在众多的同性质行业里，创业者要怎样才能做到标新立异，从而吸引顾客呢？创业者必须审视所有的竞争对手，并且完全熟悉他们提供的服务、产品及价格，吸收他们值得参考的经营方针，并且针对他们的不足之处加以改善。

（2）彻底调查清楚这个行业。在开始从事这个行业时，就必须花足够的时间去做所有有关这个行业的功课，不要有任何遗漏。如果你认为这样太费事，或许你就不是一个成功的创业者。

（3）了解你的开销与花费。列出你认为需要的所有设施可能的支出费用。如果你有竞争对手，不妨想办法调查出他们所使用的工具和设备，比较双方的差异，尽可能让自己取得最大的优势。

（4）卖力地推销自己。不论你的商品有多成功，如果你没能让顾客喜欢你、信任你或是注意到你的本事，那么他们就不可能购买你的产品了。

（5）选择适当的经营地点。如果上述的筹码你都具备，那你绝对不可以忘记最重要的一点——经营地点。无论你的商品多么优秀，如果没有选在一个适当的营业位置，那么就不会有多少顾客上门，当然也就不会有满意的收入了。

知识链接

成功创业的三大要素

财务：许多创业者失败的最主要因素，就是他们不知道如何控制自己的财务。或许他们的开销比收入多，不善于催收账款，不善于管理开销，但一个企业的成功与否，必须依赖财务的适度规划及运用。

人：适度授权给他人，让他人可以负起责任，而不是事必躬亲。当员工被授权时，就会觉得自己是负责人，进而积极主动地想要担负好这个责任。

顾客：就算你是全世界最棒的技术专家，若你的顾客不愿上门或购买，你就永远不可能开创出成功的事业。

课堂阅读 1.2

"第一桶金"的两种掘法

1. 一门手艺

俗话说，"拥有万贯家财，不如有一薄技在身。"就凭这身薄技，最低目标是能养家糊口，最高目标是能发家致富而创下万贯家财。

张果喜是迄今为止中国唯一把自己的姓名"写"到行星上的企业家。他是一个木匠，在上海艺术雕刻品一厂学会了生产雕刻樟木箱。有了这门手艺，他在广交会拿到订单，20个樟木箱，赚了1万多元。第一桶金的掘得，使他把家当全部押在传统木雕业上，最终有了今天的成果。

【相关案例】

陈逸飞到美国，先是替博物馆修画，报酬是1小时3美元，后因画技出众而进入画廊。当听到有人出价每张画3 000美元时，陈逸飞说："我一下觉得中了头彩，仿佛天上掉了个馅饼下来。"这样，才有了他今日的视觉产业。

2. 自己动手

不少创业者说过，有条件要上，没有条件，创造条件也要上。

吉利汽车集团的董事长李书福的第一桶金是开照相馆掘得的。他初创业时，好多东西都是自己动手做的。他后来造冰箱、摩托车、汽车，都是得益于"自己动手"。

在他眼里，"汽车只有4个轮子、1个方向盘、1个发动机、1个车壳，里面还有两个沙发。"

（资料来源：根据网络资料整理）

1.4 产生一个企业构想

虽然近年来，许多国内企业经营状况不太景气，但从媒体报道中，时常可以看到一些新的创业成功者的面孔。在一片"M形社会"的氛围中，许多上班族纷纷选择创业来转换跑道。根据相关调查显示，受访者对未来创业趋势的看法，有72.2%的人认为未来三年创业人数会更多。显然，越来越多的人想自己当老板，但是，自己当老板岂非易事。

知识链接

M形社会

"M形社会"指的是在全球化的趋势下，富者在数字世界中，大赚全世界的钱，财富快速攀升；另外，随着资源重新分配，中产阶级因失去竞争力，而沦落到中下阶层，整个社会的财富分配，在中间这块，忽然有了很大的缺口。这就跟"M"的字形一样，整个世界分成了三块，左边的穷人变多，右边的富人也变多，但是中间这块，就忽然陷下去，然后不见了。

如果不想在创业浪潮中被打倒，创业者就必须培养"观察竞争力"。可以赚钱的行业很多，有人赚得多，赚得久；但也有人不仅没赚到，还赔得惨。因此，创业者须凭着敏锐的观察力，结合自己的专长与创意，选对创业的起跑点，开创一个成功的创业构想。

一、要有良好的企业构想

如何产生良好的企业构想并顺利创业呢？建议创业者先从自己感兴趣的行业评估，选择创业目标的同时，需要熟悉预定创业的产业并有充分的历练背景。例如，许多创业者参观了连锁产业加盟展后，立即不假思索地签入加盟创业，风险是相当高的。因此，在创业初期，究竟要挑什么行业创业，其实大家是见仁见智的，但奉劝创业者不要一味地追求流行的产业，一定要找到适合自己且有兴趣的行业，收集相关资讯并进行市场调查，以了解创业后各种大小事情该如何快速定位。

创业需做好自我盘点与评估，弄清楚自己想要什么（期待与梦想）、最喜欢什么（兴趣与专长），把未来的目标做好清楚明确的规划，将所拥有的资源做好有力的优先顺序组合。懂得掌握优势竞争（比人、比本事、比智慧、比资源、比魄力、比速度……）的人、了解竞争条件（定位与资源分配）的人创业成功的概率较大。

二、能验证自己的企业构想

创业者除了必须有洞察机会（包括搜寻与认知机会）的能力，还必须具备掌握机会（包括运用机会与逆转风险）的能力。新创企业团队则必须拥有：洞察与确认利益市场的"机会"；有意愿与能力承担将机会转换为商业利润的"风险"。好的企业构想与创业过程应包含四个阶段：其一，辨别创业来源与评价市场机会；其二，准备并撰写经营计划；其三，确定并获取创业资源；其四，管理新创业。

知识链接

你适不适合当老板？

你的回答有几个"是"，有几个"否"？
（1）以冒险的意愿、坚定的信心及持续的行动完成构想。
（2）创业是为自己工作，做自己喜欢做的事。
（3）利用自己所受过的专业教育，随时充实自己的知识。
（4）要以不同的角度来发掘市场的需求。
（5）探讨市场机会，拟订营运计划，并认真执行。
（6）用崭新的手法、坚毅的态度，去试验自己的构想。
（7）准备长期抗战，乐意个人牺牲。
（8）善于与人相处，并激励人们的潜能与动机。
（9）认准好运气，抓住好时机，并充分利用。

（10）创业进展不顺时及早承认失败，另辟蹊径东山再起。

如果你还不能对上述 10 个问题全部给出肯定的答案"是"，那么，就说明你还不适合当老板。

三、实现企业构想的要素

要想使自己创业的构想成功，创业者必须对创业企业的每个方面进行分析，以求在每个方面所提供的产品或服务都是最好的。大学生若想创办企业成功，应考虑的重要因素见表 1-2。

表 1-2　大学生创办企业成功的要素

贸易企业	服务企业	制造企业	休闲农业
地段和外观好	服务及时	生产组织有效	有效利用土地和水源
销售方法好	服务质量好	工厂布局合理	不过度使用地力和水源
商品选择面宽	地点合适	原材料供应有效	出售新鲜产品
商品价格合理	顾客满意	生产效率高	降低种植、养殖成本
库存可靠	对顾客诚实	生产质量好	恢复草场、森林植被
尊重顾客	售后服务可靠	产品质量好	向市场运输产品
	服务收费合理	浪费现象少	保护土地和水资源

大学生创办企业的原则是：志向要大，计算要精，规模要小。大学生创业初期，应从小做起、实事求是、量力而行。具体来说，创业者可以先用业余的时间创业办自己的企业，直至企业运转稳定为止；租赁设备比购置设备稳妥、合算；需要人手时，先雇非全时员工，再雇全时员工；先购买二手设备，以后再更新；逐步拓展新的业务领域，避免因资金周转困难而陷入困境；根据利润的增长情况，制订业务扩展计划。

1.5　建立一个商业模式

创业者有了创业的想法以后，面临的首要问题就是如何赢利，即商业模式的问题。那么，到底什么是商业模式呢？

一、商业模式的内涵

1. 商业模式的含义

商业模式是一个企业满足消费者需求的系统，这个系统组织管理企业的各种资源（资金、原材料、人力资源、作业方式、销售方式、信息、品牌和知识产权、企业所处的环境、创新力，又称输入变量），形成能够提供消费者无法自力而必须购买的产品和服务（输出变量）。因此，商业模式具有自己能复制但不被别人复制的特性。

2. 商业模式的特征

（1）成功的商业模式要能提供独特价值。有时候这个独特的价值可能是新的思想，而更多的时候，它往往是产品和服务独特性的组合。这种组合要么可以向客户提供额外的价值，要么使得客户能用更低的价格获得同样的利益，或者用同样的价格获得更多的利益。

（2）商业模式是难以模仿的。企业通过确立自己的与众不同，如对客户的悉心照顾、无与伦比的实施能力等，来提高行业的进入门槛，从而保证利润来源不受侵犯。例如，戴尔的直销模式（仅凭"直销"一点，还不能称其为一个商业模式），人人都知道其如何运作，也都知道戴尔是直销的标杆，但很难复制戴尔的模式，原因在于"直销"的背后，是一整套完整的、极难复制的资源和生产流程。

（3）成功的商业模式是脚踏实地的。企业要做到量入为出、收支平衡。这个看似简单的道理，要想年复一年、日复一日地做到，却并不容易。现实当中的很多企业，不管是传统企业还是新型企业，对于自己的如何赢利，为什么客户看中自己企业的产品和服务，乃至有多少客户实际上不仅不能为企业带来利润反而在侵蚀企业的收入等关键问题，都不甚了解。

3．商业模式的设计方法

思路决定出路，布局决定格局，商业模式决定企业成败。当今商业环境的竞争不只是停留在产品、资本层面的竞争，更在于商业模式的升级换代。任何一个商业模式都是一个由客户价值、企业资源和能力、赢利方式构成的三维立体模式。商业模式是衔接企业发展的战略、企业发展的技术和企业发展的资源组织配置的核心。商业模式是关系到企业生死存亡、兴衰成败的大事，企业要想获得成功就必须从制定成功的商业模式开始，新成立的企业是这样，处于发展期的企业更是如此。一般来说，设计商业模式的方法有如下几种：

（1）定位。创业者要在价值曲线中找到更精准的企业定位。

（2）业务系统。创业者要确定商品后面的商品是什么，业务如何做进来，如何让企业利益相关者动起来等问题。

（3）关键资源能力。创业者要确定把关键资源投注在哪里，如何与别人进行资源整合等问题。

（4）盈利模式。创业者要确定如何找到更多人为客户付钱，如何找到更多人为自己付成本，如何收入场费、停车费、过路费等问题。

（5）自由现金流结构。创业者要确定自己需要多少钱，自己已经有多少钱还需要多少钱，要用哪些方法拿到钱，拿到钱之后要用来做什么，做了之后能够赚到多少钱，赚到钱之后要如何分配等问题。

知识点拨

总结众多优秀商业模式的实践，发现成功是有规律可循的。概括来说，一个好的商业模式要符合五个方面的标准：定位要准、市场要大、扩展要快、壁垒要高、风险要低。因此，我们在进行商业模式设计时，就要重点从这五个方面入手。

而且，在实践中特别值得注意的一点就是，一个优秀的商业模式既不是一蹴而就的，在实践中也不是一成不变的。一方面，一个优秀的商业模式需要在实践中不断地尝试、不断地修正，甚至是不断地碰壁，从而变得日益完美；另一方面，一个已经十分完美、成熟的商业模式也许会随着产业环境和竞争态势发生了变化而显得不再适应，因而需要进行新的设计和调整。

二、商业模式的基本类型

简言之，商业模式就是公司通过什么途径或方式来赚钱。例如，饮料公司通过卖饮料来赚钱；快递公司通过送快递来赚钱；网络公司通过点击率来赚钱；通信公司通过收话费赚钱；

超市通过平台和仓储来赚钱；等等。

1. 运营型商业模式

运营型商业模式重点解决企业与环境的互动关系，包括与产业价值链环节的互动关系。运营性商业模式决定了企业的核心优势、能力、关系和知识，它主要包含以下两个方面的内容：

（1）产业价值链定位。企业处于什么样的产业链条中，在这个链条中处于何种地位，企业结合自身的资源条件和发展战略应如何定位，等等。

（2）赢利模式设计（收入来源、收入分配）：企业从哪里获得收入，获得收入的形式有哪几种，这些收入以何种形式和比例在产业链中分配，企业是否对这种分配有话语权，等等。

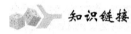
知识链接

确认运营型商业模式的步骤

第一，寻找企业所有的收入来源。

第二，发现企业吸引和保留每一个收入来源的能力，列出支撑这些能力的关键因素，明确企业向客户提供的价值。

第三，明白企业怎样才能持续不断地向客户提供这些价值，列出保证做到这一点的关键因素，这就是向客户提供价值的方式和定价方式。

第四，列出企业经营活动所产生的可以扩展和利用的优势、能力、关系及有效知识。

可见，运营性商业模式的主要组成部分为收入来源（即客户）、向客户提供的价值，以及提供价值的方式。

2. 策略型商业模式

策略型商业模式是对运营性商业模式的扩展和利用。应该说，策略型商业模式涉及企业生产经营的方方面面。

（1）业务模式。企业向客户提供什么样的价值和利益，包括品牌、产品等。

（2）渠道模式。企业如何向客户传递业务和价值，包括渠道倍增、渠道集中/压缩等。

（3）组织模式。企业如何建立先进的管理控制模型，例如，建立面向客户的组织结构，通过企业信息系统构建数字化组织等。

知识链接

确认策略型商业模式的步骤

第一步，确定一个最重要的优势，包括能力、关系、知识和有形资产等。

第二步，列出计划开发的其他辅助的优势。

第三步，确认在扩展利用这些优势的时候所创造的新的收入来源、向客户提供的价值和成本结构。

第四步，确认使企业能够在盈利的情况下创造这一切的关键因素。

三、寻找好的商业模式

由于21世纪的商业环境具有高度复杂性、不确定性、市场破坏性等特征，所以持续进行外环境扫描，有助于创业团队设计出具竞争力的商业模式。一个成功的商业模式创新需依靠深度了解目标客群的环境、日常生活、关心事项、内心渴望，并以客户为中心进行商业模式设计。其可以聚焦如下内容：

（1）客户必须完成的重要工作为何？如何帮助他完成？
（2）客户内心渴望什么？如何帮助他达成？
（3）客户希望与我们建立什么样的关系？
（4）客户愿意为何种价值付钱？愿意付多少钱？

除此之外，好的商业模式可以打破现状、忘掉过去、停止聚焦于竞争对手及挑战正统。

 知识链接

商业模式的发展过程

一个商业模式的发展过程可分为两个阶段：在创意构想阶段，先追求"点子"的数量；在综合整理阶段，综合整理筛选出3～5个有潜力的创意"点子"，将每个"点子"进行商业模式草图原型设计，针对原型进行深入调查，根据调查结果评选出最佳的商业模式原型，进行企划案的规划作业。

 课堂阅读1.3

"好邦客"车行的商业模式

"好邦客"车行的商业模式是将国外的汽车银行俱乐部与中国民间的互助会两种形式混合，凭借"比租车便宜，比买车更方便"的理念，帮助工薪族实现了用车的梦想。

"好邦客"车行庞大的潜在消费群是想拥有座驾，但又无奈囊中羞涩的工薪族。他们只要办理入会手续，到指定银行缴纳一定的保证金并办理储蓄卡就可以成为会员，按正常程序享受租车服务并按使用时间、所付费用累计积分。积分达到一定程度就可从"好邦客"车行拿走一辆相应型号和相应新旧程度的车辆。"好邦客"车行还以托管、储蓄等方式吸纳二手车。二手车储户存入车辆后即为"好邦客"车行会员，并可以随时使用车行的任何车辆。托管车辆在托管期满后可以按约定取回，享有托管收益，并可获得车辆使用费30%的现金返还。

凭借20万元的启动资金，"好邦客"车行现已成为盈利数千元的地方特色车行，它成功的关键就在于用少量的资金撬动了汽车租赁、汽车销售和二手车交易的联动消费市场。

"好邦客"商业模式的核心如下：

（1）资源的有效整合。它用少量的钱撬动了以资本为龙头的汽车生产、销售、投资、消费融合在一起的金融、销售、投资、租赁、二手车交易市场。

（2）租与售结合。将汽车的整车销售以拆零的方式实现了租与售有机的结合，既符合了国人的消费心理，又符合了国人的消费习惯。

（3）以储蓄的形式吸纳二手车。"好邦客"车行从大量的二手车交易中获取了不少利润，成功地不用投资将二手车作为车行的车辆蓄水池。

【点评参考】

（4）应用长尾理论。改变了过去的汽车营销主要面向少数强势群体的游戏规则，将80%的潜在群体推向前台，让他们提前实现了有车的梦想。

"好邦客"模式的盈利点：汽车租赁收入、二手车交易收入、增值服务收入。

（资料来源：中国营销传播网，wenku.emkt.com.cn，2015.12.4，有改动）

1.6 创业个案呈现

【相关案例】

在创业者产生创业的想法与创业行动时，背后一定存在创业动机，下面列举几个创业个案供创业者进行思考与讨论。

一、比尔·盖茨的创业传奇

比尔·盖茨（图 1.7）自中学 8 年级起，便利用闲暇时间从事电脑程序设计的工作，并且从中获取应得报酬。根据比尔·盖茨自己描述："我在 13 岁时编写了我的第一个软件程序，我拿它来玩井字游戏。当时我所用的电脑体积庞大、笨重、速度缓慢而且相当不听话。"1973 年，比尔·盖茨进入哈佛大学就读，2 年后，他自动办理了退学手续，与保罗·艾伦一同写下电脑语言 BASIC 版本，提供给新成立的阿尔它电脑公司使用。之后，比尔·盖茨与保罗·艾伦迁往阿尔它公司所在地新墨西哥州阿尔布奇市，正式创立微软公司（Micro·soft），当时盖茨 19 岁。

【相关视频】

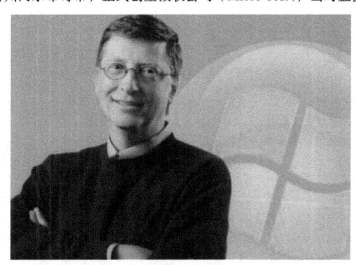

图 1.7　比尔·盖茨

1977 年，苹果、康懋达和 Radio Shack 进入个人电脑市场，微软提供 BASIC 给大多数早期的个人电脑，当时 BASIC 是最重要的软件元素。根据比尔·盖茨自己描述："在微软初创的前 3 年，其他的专业人员大多致力于技术工作，而我则负责销售、财务和行销计划……我每每把 BASIC 卖给一家公司，就多一份信心。"就这样，在低价授权、以量制胜的方式促销下，微软 BASIC 很快成了电脑产业的软件标准，当时几乎每一家个人电脑制造商都会使用微软授权的软件。

1979年，比尔·盖茨将公司迁往西雅图，并将公司名称从"Micro·soft"改为"Microsoft"。1980年，是微软发展史上一个重要的转折点，当时无人不知、无人不晓的IBM占有大型电脑80%的市场，也就是在这一年IBM决定开始制造个人电脑，并且找上微软公司，向它们购买作业系统的授权，于是个人电脑作业系统PC·DOS出现了，IBM公司成了微软新软件的第一个授权使用者。随着IBM公司的个人电脑独霸市场，微软的软件也如雨后春笋般不断冒出，从而稳住了IBM公司的江山，也奠定了微软在电脑软件市场上不容轻视的地位。

（资料来源：大学生创业网，www.studentboss.com/ht，2015.12.5，有改动）

二、"薰衣草森林"的创业梦想

薰衣草森林（图1.8）是一家在中国台湾备受欢迎的咖啡馆，它地处山林怀抱中，山岚雾气环绕四周，满园薰衣草，在春暖花开时节放眼望去一片幽静的紫，还散发出迷人香气。那里提供的食物、产品也几乎都和香草有关，像薰衣草香烤全鸡、迷迭香羊排，还有香草松饼、比萨卷；另外，还出售薰衣草精油香皂、香水膏、香草系列的护手霜等，甚至还有代表薰衣草的紫色T恤。

【相关图片】

图1.8 薰衣草森林咖啡馆

这充满自然风味、既具视觉舒适感又让人可以极度放松的空间，凭借其独有特色在几年之内迅速发展。而实现自己"薰衣草森林"创业梦想的，是两名爱香花与香草的女生——詹某和林某。两个企业经营"外行"女生，以感性的经营理念，在不到10年的时间里打造了5个品牌。

创业之前，詹某在台北花旗银行工作了6年，在接触了很长一段时间的西方香草后，一直希望拥有一亩自己的薰衣草田；林某在高雄当钢琴家教老师，一直渴望有一个可以安养身心的地方，梦想开间咖啡馆。

一次偶然的机会，她们在台中县新社乡的山上相遇、相识。2001年11月，林某的表哥王某，提供自家土地，撮合两个女生合伙创业，她们一起创办了"薰衣草森林股份有限公司"。

在有着大片山林土地种植薰衣草优势的台中县新社乡，两人开始共同打造梦想。在节省营建成本的考虑下，从除草、整地、挖土、搬石头、排列步道、种花到盖房子，一砖一瓦一草一木，她们亲手打造起主体建筑与花园，园里种上一畦一畦的薰衣草田与香草田。就这样，她们一起创立了一家种植一小片薰衣草的景观咖啡馆——薰衣草森林。

薰衣草的迅速走红，源于一封电子邮件。王某原本在台中市一家物业管理公司上班的，在撮合两个女生创业后的第二年也加入其中。他想借转寄给同事的一封电子邮件，说明两个女生追求自由及最偏远咖啡厅的故事，但电子邮件在意外中被网友不断的转寄之下，竟打开薰衣草森林的知名度，令薰衣草森林逐渐红火了起来。

一家小咖啡馆，现在已经跃升为中国台湾休闲产业里的重要一员。"本来只是想开一家可以种香草、过简单生活的山中咖啡馆"，林某形容，"像是顺着大风而起，一下子就飞得好远。"

薰衣草森林的两位创业者，秉持着她们对生活的期望与梦想，规划出心中理想的创业想法。她们喜欢画画、音乐，美感对她们而言，是一种生活态度。把美感带入薰衣草森林中，就是一种创业梦想的体现。

（资料来源：百度文库，wenku.baidu.com/link，2013.4.27，有改动）

三、"90后男生"的创业历程

2015年1月27日晚，李克强总理主持召开科教文卫体界人士和基层群众代表座谈会，与众多大咖名流一起出现的一个年轻面孔引起了全国观众的关注，他就是广州中医药大学2014届毕业生王某，虽然毕业仅半年，但他创办的科技有限公司估值已经上亿元。

王某是一位"90后"的大学生创业者，因为家里困难，他大一就开始在社会上找兼职，做过保安、举过牌、派过单、摆过地摊。他曾花250元在某中介公司办了会员卡，负责在未来4年介绍兼职，可是交了钱就没了下文，后来才知道这是诈骗公司。不少人上当受骗后可能会自怨自艾，而王某却看到了其中的商机，他公司的主要产品"兼职猫"APP就是为大学生们介绍真实可靠的兼职。

王某的创业历史只有3年，从大二创立的从事校园商业推广的"团队"到大三创立的"科技有限公司"，他的创业路还算是比较顺利。

王某表示，能获得总理座谈会的邀请出席座谈会，他代表的是广东创业大学生群体。"这群人去创业其实非常不容易，大家不应该把目光聚拢到我身上，更应该看到我身后的创业群体"，"很多人创业比我好。能够获得邀请，个人感觉一方面是学习成绩和创业可以兼顾，还有我们团队非常务实，另外还需要一点幸运。"

（资料来源：腾讯网，http//edu.qq.com/a，2015.1.29，有改动）

创 业 指 导

（1）创业意味着创造某种新事物，这种新事物必须是有价值的。这些新事物不仅对创业则自身有价值，而且对其开发的某些目标对象也是有价值的。创业的目标对象可以是产品，也可以是技术或服务，甚至可以是个人、团队或组织。这种新事物的创造需要一个过程，这个过程必须具有创新性。

（2）影响大学生创业的因素有很多，除了创业动机与人格特质等个人因素以外，还有经济因素、社会和政治环境、家庭背景及知觉组织支持。这些因素都要勇敢地去正视。

（3）不要立刻就开始过着大亨的生活。
（4）没有家人大力的支持，就不要创业。

拓展与思考

一、是先有商品，还是先有品牌？

世界各地都有贩卖咖啡这项商品，不过谈到咖啡，大家最熟悉且直觉的反应大概都是星巴克咖啡这个名称了（图1.9）。为什么星巴克咖啡能那么成功呢？它成功的最大关键就是一个成功的品牌，而品牌也是一家企业的核心。

【相关案例】

图1.9 星巴克咖啡馆

对于形象推广的概念，星巴克有着与其他国际企业与众不同的方式。星巴克结合了当地的文化，或者是人文，并以此为方针去设计店面的外观，每间连锁店外观单纯，但其内部装修却要严格地配合连锁店统一的装饰风格，让每一位顾客经过店面时就能直接察觉这就是"星巴克"。这种方式不仅使得店面拥有独特的文化特色，也能变成一种形象推广，达到推广品牌的目的，使顾客能在视觉上取得形象认同。这种不以巨额的广告宣传及促销的推广方式，更能轻易地将顾客与品牌形象联系在一起。

在星巴克咖啡店里，员工是传递体验价值的主要载体，咖啡的价值通过员工的服务才能提升，因而员工对体验的创造和环境同样重要。事实上，星巴克的员工就如同咖啡迷，他们不仅可以详细地解说每一种咖啡产品的特性，也能够与顾客进行友善沟通，预感他们的需求并尽量满足顾客需求。员工在星巴克被称为"伙伴"，因为所有人都拥有股份，他们的地位得到了足够的尊重，也为星巴克品牌创造了极大的竞争力。

二、为什么鸡蛋不能放在同一个篮子里？

众所周知，鸡蛋不能放在同一个篮子里，如图1.10所示。对于创业者来说，捂好自己的资金口袋非常重要。

（1）收入来源多样化。有些事业之所以会失败，是因为经营者有迫切的资金需求，让创业者无法再继续支撑下去，但也许只要再有一个两个月，这个事业就可能开始起飞。不过创业者已经投入了毕生的储蓄去创业，由于日常生活开销都需要钱，只好被迫找一份工作，放弃可能会开花结果的新事业。这也就是为什么这件事这么重要，就像"鸡蛋不要放在同一个篮子里"这句话说的，风险要分散，所以创业前，创业者最好要有其他的收入来源。

（2）利于节流。相对于风险分散的开源概念，不论有无赚到钱，为了维持自己事业上的成本开销，必须要发挥达人的精神来省钱，保持资金运作的顺畅，而不是小赚一点便大张旗鼓地庆祝。开创事业，最重要的是维持公司的存活，一切都要以公司为主，尽可能不要让自己的开销和公司的资金混在一起，这样才能让自己的公司持续地运作下去。

图 1.10　鸡蛋不要放在同一个篮子里

思 考 题

（1）创业有哪些好处？
（2）创业者应该具备哪些素质与能力？
（3）应怎样做准备才能使自己可能成为一个优秀的创业家？

创业素质测评 1

创业素质小测试

"创业"是一个充满成就感、诱惑力的词语，但并非每一个人都适合走创业、当老板的道路。有人设计出了一份问卷，可使你在做出决策前对自己有初步的了解。

下列各题均有四个选择，答案：A. 是；B. 多数；C. 很少；D. 从不。请在符合你实际情况的括号内填上 A、B、C、D。

一、测试题

（1）在急需做出决策的时候，你是否在想："再让我考虑一下吧？"　　　　　　　　（　　）
（2）你是否为自己的优柔寡断找借口说："是得好好慎重考虑，怎能轻易下结论呢？"　（　　）
（3）你是否为避免冒犯某个或某几个有相当实力的客户而有意回避一些关键性的问题甚至表现得曲意逢迎呢？　　　　　　　　　　　　　　　　　　　　　　　　　　　　　　（　　）
（4）你已经有了很多写报告用的参考资料，但是否仍责令下属部门继续提供？　　　（　　）

(5) 你处理往来函件时,是否读完就扔进文件框,不采取任何措施? （   ）
(6) 你是否无论遇到什么紧急任务,都先处理琐碎的日常事务? （   ）
(7) 你非得在巨大的压力下才肯承担重任吗? （   ）
(8) 你是否无力抵御或预防妨碍你完成重要任务的干扰与危机? （   ）
(9) 你在决定重要的行动计划时常忽视其后果吗? （   ）
(10) 当你需要做出可能不得人心的决策时,是否找借口逃避而不敢面对? （   ）
(11) 你是否总是在快下班时才发现有要紧事没办,只好晚上回家加班? （   ）
(12) 你是否因不愿承担艰苦的任务而寻找各种借口? （   ）
(13) 你是否常来不及躲避或预防困难情形的发生? （   ）
(14) 你总是拐弯抹角地宣布可能得罪他人的决定? （   ）
(15) 你喜欢让别人替你做自己不愿做的事吗? （   ）

二、评分标准

选择"A"记4分,选择"B"记3分,选择"C"记2分,选择"D"记1分。

三、诊断结果

50~60分:你的个人素质与创业者相差甚远。

40~49分:你不算勤勉,应彻底改变拖沓、效率低的缺点,否则创业只是一句空话。

30~39分:大多数情况下充满自信,但有时犹豫不决,不过没关系,有时候犹豫是成熟、稳重和深思熟虑的表现。

15~29分:你是一个高效率的决策者和管理者,更是一个成功的创业者,具有良好的心理素质和坚忍不拔的毅力。

创业素质测评 2

你适合在哪种行业创业

假设有一天,你有机会搭船到金银岛去寻宝,请运用你的想象力,回答表1-3所列问题。

表1-3 行业性格契合度测试表

序号	问题	你的选择
1	你觉得你搭的是什么船	A. 海盗船 B. 渔船 C. 独木舟
2	随行的人数有多少	A. 10个人以上 B. 10个人以下 C. 只有你一个人
3	如果有一只动物在你身旁陪伴,你觉得是哪一种动物	A. 黄金猎犬 B. 巡逻猫 C. 九宫鸟（陪着独眼船长的鹦鹉）
4	在这次旅行中,什么东西会一直陪在你身边,而且守护着你	A. 父亲交给你的匕首 B. 母亲给你的护身符 C. 一个空酒瓶

续表

序号	问题	你的选择
5	船会往什么方向出发呢	A. 日本 B. 澳大利亚 C. 美洲 D. 北极
6	这次寻宝之旅，你希望获得什么东西	A. 藏在无人岛的一个洞穴里的宝藏 B. 沉到海底的宝藏箱 C. 留在荒芜古堡的神秘古物
7	当你的船往前进时，前方出现一个大黑影，你认为会是什么	A. 另一艘更大的船 B. 远方飘过来的一大片乌云 C. 大水怪出现了
8	船破了一个洞，一直在漏水，你被迫必须丢掉一个东西，你会丢掉什么	A. 望远镜 B. 水壶 C. 用来取暖的木材 D. 仅剩的一条面包
9	经过一番波折，终于到达藏宝的地点，突然出现了一个巨人，他还跟你说了一句话，你觉得他说的是什么	A. 根本没有宝藏，你被骗了 B. 想要得到宝藏就要付出代价 C. 宝藏早被拿走了
10	如果你最后终于找到了宝藏，当你打开宝藏箱的那一刻，你觉得你看到的会是什么	A. 能实现你一个愿望的仙女 B. 珠宝钻石 C. 能带你飞到未来的机器

一、评分标准

选 A 得 1 分，选 B 得 2 分，选 C 得 3 分，选 D 得 4 分。

10～14 分为 A 型，15～19 分为 B 型，20～27 分为 C 型，28～32 分为 D 型，32 分以上为 E 型。

二、诊断结果

A 型：应该做一些活动性比较强的行业。

适应能力和行动力都很强，无论是身处多大的逆境之中，都能过关斩将，并开创出一番新的局面。这种类型的人，不适合做静态的行业，应该做一些活动性比较强的行业，如采访记者、运动选手、外务员、推销员等。

B 型：能够与人接触的行业最适合。

擅长观察人心，非常喜欢与他人互动，不论是当听众或是说话的人，对于处理复杂的人际关系都非常拿手。拥有这项才能，非常适合做与人接触的行业，如服务员或自己开店当老板等。

C 型：能充分运用你智慧的行业。

有敏锐的判断力和一双观察入微的眼睛。非常冷静细心，就算碰到再困难的事情也能迎刃而解，所以这种类型的人应该找一个能运用你聪明才智的行业，如老师、秘书、工程师、侦探、广告公司、作者、研究方面的行业等。

D 型：适合从事能够激发灵感的行业。

对美的事物非常敏感，是一个非常感性的人，非常喜欢动用自己的创造力做出与众不同的东西。不管是绘画、音乐都表现得很杰出。所以，此种类型的人最好从事能激发出创作灵感的行业，如雕塑家、珠宝设计、室内设计等。

E 型：在大众面前表演的行业最适合。

天生就有一种不可思议的魅力，全身散发出一股迷人的吸引力。善于隐藏真正的自己，所以，此类人具有演艺人员的天分，在大众面前表演的行业最适合，如演员、模特等。

第 2 章

创新思维

　　创新应当是企业家的主要特征,企业家不是投机商,也不是只知道赚钱、存钱的守财奴,而应该是一个大胆创新、敢于冒险,善于开拓的创造型人才。

——创新理论鼻祖　约瑟夫·熊彼特

【名人简介】

【学习目标】

知 识 目 标	能 力 目 标
（1）了解创新思维的概念、构成与特征。 （2）理解创新思维的几种表现形式。 （3）理解创新思维的精髓	（1）能够把创意思维养成习惯，发想创业构想。 （2）能够运用创新思维去看待和处理事物、问题

【导入案例】

3D 打印启发建筑创新思维

2015 年 1 月，盈创新材料（苏州）有限公司（简称盈创公司）数栋使用 3D 打印技术建造的建筑（图 2.1）亮相苏州工业园区。这批建筑包括一栋面积约 1 100 平方米的别墅、一栋 5 层居民楼和一栋简易展厅。建筑的墙体由大型 3D 打印机喷绘而成，而使用的"油墨"则是由少量钢筋、水泥和建筑垃圾制成。据介绍，3D 打印建筑最大的好处是节能环保、节省材料。

【知识拓展】

图 2.1　使用 3D 打印技术建造的别墅

与传统建筑的墙体不同的是，3D 打印的墙体（图 2.2）呈现出年轮蛋糕般的螺纹结构，用手指敲敲墙体，可以听到空空的声音。3D 打印的墙体强度是普通水泥的 5 倍，而且是中空的，更加保温。虽然 3D 打印的墙体比较轻，为了加强墙体的牢固度，墙体内都采用了三角形的支撑结构。

这幢别墅从打印材料到"组装"成房子，仅仅需要 1 个月左右的时间，节约建筑材料 30%～60%，工期缩短 50%～70%，节约人工费用 50%～80%，建筑成本至少可节省 50%，且其防震效果和保温效果都会增强。综合来看，3D 打印的房屋价格要比普通建筑住宅便宜一半。

1. 3D 打印楼房墙体的原理

据介绍，盈创公司专心做 3D 打印已经有 12 年时间，打印建筑的 3D 打印机，其原理与普通打印机是一样的。这个"打印机"高 6.6 米、宽 10 米、长 32 米，底部占地面积有一个篮球场大,高度有三层楼高。现在打印的材料宽度只能是 1.2 米,但长度是可以无限长的。开始"打印"时,根据电脑设计图纸和方案,由电脑操控一个巨大喷口喷射出"油墨",喷头像奶油裱花一样,油墨呈"Z"字形排列,层层叠加,很快便砌起了一面高墙。之后,墙与墙之间还可像搭积木一样垒起来,再用钢筋水泥进行二次"打印"灌注,连成一体。

图 2.2 3D 打印的墙体结构

2. 打印建筑的原料和质量

3D 打印的原料主要是建筑垃圾、工业垃圾和矿山尾矿、水泥和少量的钢筋,还有特殊的助剂。沙子对他们来说就好比"黄金",是很好的原料,可就地取材做固沙墙、垂直绿化墙等,固沙治沙。就 3D 打印的房屋质量,拿别墅来说,都是空心墙建造的,空心墙不但大大减轻了建筑本身重量,还可以随意填充保温材料,并可任意设计墙体结构,一次性解决墙体的承重结构问题,因此,无论是桥梁、简易工房、剧院,还是宾馆和居民住宅,其建筑的强度和牢度都符合且高于国家建筑行业标准。

3. 3D 打印的房屋的特点

随着社会的发展,不少市民已经不能满足房屋外形的中规中矩,一些"非标"的建筑就成了传统建筑行业的难题。如果要一所大房子:卢浮宫的顶、金字塔的底、长城的墙体……这些美梦都能成真。未来有可能要造一些外形像大萝卜、大白菜的房子,而传统行业根本就很难造出这样的外形。事实上,建筑结构越复杂,3D 打印技术的优势越明显。总之,可以随心所欲地打印出你想要的样子,给你的房子来个私人定制。

不过,建筑专家称,3D 打印房屋要真正普及,恐怕还需斟酌。尽管 3D 打印房屋理论上运转良好,但当规模变大后,可能会突然失效。因此,3D 打印房屋可能只会用在一些临时建筑上。

(资料来源:http://news.thmz.com/col38/col36/2015/01/2015-01-201446984.html,有改动)

2.1 创新思维的内涵

创新思维是创造力的灵魂。人类能够成为地球的主人,就在于人类具有创新思维能力。有的人有很高的创造力,作出划时代的贡献,或者在某一方面有显著成果;而有的人确实很勤奋努力,辛辛苦苦干了一辈子,却没有什么创造性成果——根本原因在于他们的创新思维水平有很大的差别。

一、创新

在国内,"创新"一词最早出现在《南史·后妃传上·宋世祖殷淑仪》:"据《春秋》,仲子非鲁惠公元嫡,尚得考别宫。今贵妃盖天秩之崇班,理应创新。"这里的"创新"意思是创立或创造新东西。在国际上,"创新"一词最早是由奥地利政治经济学家约瑟夫·熊彼特(1883—1950年)(图2.3)提出的。熊彼特认为,所谓"创新",就是"建立一种新的生产函数",也就是说,作为资本主义"灵魂"的"企业家"的职能就是实现"创新",引进"新组合"。所谓"经济发展"也就是这整个资本主义社会不断地实现这种"新组合"而言的。

20世纪50年代,管理学家彼得·德鲁克(图2.4)把创新引入管理领域,在《动荡年代的管理》一书中发展了创新理论。他认为,创新是指有系统地抛弃昨天,有系统地寻求创新机会,富裕资源以新的创造财富能力的行为。任何使现有资源的财富创造潜力发生改变的行为,都可以称为创新。彼得·德鲁克还在《创新与创业精神》一书中提出:创新是企业家的特定工具,他们利用创新改变现实,作为开创其他不同企业或服务项目的机遇。

图2.3　约瑟夫·熊彼特

图2.4　彼得·德鲁克

对于创新的理解一般有狭义和广义两个层次。狭义的创新立足于技术和经济的结合,即创新是从新思想的产生到产品设计、试制、生产、营销和市场化的一系列行动。广义的创新力求将科学、技术、教育等与经济融汇起来,即创新表现为不同参与者和机构(包括企业、政府、学校、科研机构等)之间交互作用的网络。在这个网络中,任何一个结点都可能成为创新行为实现的特定空间。创新行为因而可以表现在技术、体制或知识等不同层面。例如,一个产品创新,就是生产一种新的产品;要采取一种新的生产方法,就是工艺创新;要开辟市场,就是市场开拓的创新;要采用新的生产要素,就是要素创新;制度管理体制、管理机制的变革,就是制度的创新。现在"创新"两个字扩展到了社会的方方面面,如我们讲的理论创新、制度创新、经营创新、技术创新、教育创新、分配创新等,同时我们的学习方法也要创新。

 知识点拨

创新有多方面的理解,说别人没说过的话叫创新,做别人没做过的事叫创新,想别人没想的东西叫创新。但是，创新不一定非得是全新的东西，旧的东西以新的形式包装一下，也可以叫创新。

> **小案例**
>
> ××制造企业的生产部经理采取过很多方法来提高四个车间的劳动生产率。但提高到一个临界点后，再想提高就非常困难。因此，如何提高劳动生产率成为生产部经理最头疼的问题。
>
> 这时，有个刘师傅给他出了个主意，他们一起分析了这四个车间的员工的构成并采取了相应措施。第一个车间都是男孩，俗话说"男女搭配，干活不累"，于是加了几个女孩进去，效率提高了。第二个车间都是一些青年人，加了几个老成持重的中老年人进去，效率提高了。第三个车间都是中老年人，加了几个年轻人进去，增加了活力，效率也提高了。那么第四个车间呢？老的少的、男的女的都有，怎么提高效率？他们分析后发现，这个车间都是本地人，于是加了几个外地人进去，竞争压力大了，效率也提高了。还是这么多人，只是把结构变换一下，这就是一种创新。

二、思维

1. 思维的概念

思维是人脑对客观现实概括的和间接的反映，它反映的是客观事物的本质及其规律性联系。思维是人类认识的高级阶段，是在感知基础上实现的理性认识形式。

例如，通过对人的观察分析得出"人是能言语、能制造和使用工具的高等动物"；根据对水的研究得出水和温度之间的关系，在 101kPa 下，水降低到 0℃就会结冰，升高到 100℃就会沸腾等。这些都是人脑对客观事物的本质及其规律的认识。人们常说的"考虑""设想""预计""沉思""审度""深思熟虑"等都是思维活动的表现形式。

2. 思维的基本特征

思维具有间接性和概括性两个基本特征。

（1）思维的间接性。它是指思维能对感官所不能直接把握的或不在眼前的事物，需要借助于某些媒介物与头脑加工来进行反映。

由于人类感觉器官结构和机能的限制，时间和空间的限制，事物本身带有蕴含或内隐的特点，如果单凭感官或仅仅停留在感知觉上，人们对世界上的许许多多的事物是认识不到或无法认识的，那么就要借助于某些媒介物与头脑加工来进行反映。例如，内科医生不能直接看到病人内脏的病变，却能以听诊、化验、切脉、试体温、量血压、B 超、CT 检验等手段为中介，经过思维加工间接判断出病人的病情；地震工作者可以根据动物的反常现象或其他仪表的数据来分析与预报震情。这些都是人们凭借已有的知识经验间接认识的结果。

> **知识点拨**
>
> 人们要认识原始社会人类的生活、宇宙太空状况、原子结构、生命运动，要认识超声波、红外线，要预测天气等，都需要借助某些媒介物与思维加工进行间接的认识。

（2）思维的概括性。它是指思维通过抽取同一类事物的共同的本质特征和事物间的必然联系来反映事物。

由于这一特性，人能通过事物的表面现象和外部特征而认识事物的本质和规律。例如，通过感知觉我们只能看到具体的一只鸟的外形和活动情况，而通过思维我们才能认识鸟的本质属性：有羽毛、卵生；也只有通过思维，才会把不会飞的鸡、鸭列入鸟类，而不把会飞的蝙蝠、蜻蜓等列入鸟类。又如，温度升降与金属膨胀的关系，植物与动物、动物与人类的生态平衡关系等，都是通过概括活动过程对自然界事物之间规律认识的结果。

思维的间接性和概括性是相互联系的。人之所以能够间接地反映事物，是因为人有概括性的知识经验，而人的知识经验越概括，就越能间接地反映客观事物。再如，内科医生根据概括性的医学理论才能以中介性的检查，经过思考而间接地判断病人的病情；气象工作者根据概括性的气象规律，才能从大量天气资料中，经过分析预测天气情况。

另外，同样一个问题，不同的人有不同的思维。这说明思维具有相异性、差异性，下面举一个"海岛卖鞋"的案例来说明。

小案例

【相关图片】

两个推销人员到一个岛屿上去推销鞋子。

第一个推销员到了岛屿上之后，发现这个岛屿上每个人都是赤脚，而且这个岛屿上是没有穿鞋的习惯。他马上通知公司，鞋不要运来了，这个岛上是没有销路的。

第二个推销员来到岛上之后，高兴得几乎昏过去了，这里每一个人都不穿鞋，要是一个人买一双鞋。那要销出多少双鞋出去呀！他马上通知公司，赶快空运鞋过来。

同样一个问题，不同的思维得出的结论是不同的。

3. 思维对生活实践的意义

正是因为思维具有间接性和概括性，所以它在人的生活实践中有着极为重要的意义。

（1）它使人的认识范围不断扩大。人不仅能认识现在，而且还可以回顾过去和预见未来。例如人类学家根据古生物化石及有关资料推知人类过去进化的规律；地球物理工作者根据已有的地球运动资料，预报地震和火山爆发的情况。

（2）它能不断提高人的认识深度，不仅能认识人一般接触到的事物及其规律，还可以把握人们所不能直接感知的事物及其规律，使人对事物的认识得以无止境地深化。又如，对于物质结构的认识，正是在实验的基础上通过思维不断深入，由分子水平到原子水平，由原子核、电子水平到核内中子、质子水平，直至夸克水平（夸克也不是物质的最基本单位，还可以进一步分化）。

（3）它能使人由认识世界向改造世界发展，不仅能使人掌握知识、认识规律，还可以使人运用知识和规律解决问题，进行创造性活动。

三、创新思维

1. 创新思维的概念

创新思维是指在探索未知时积极地以独特新颖的方式和多向的角度，促使思维转化去寻获新成果的一种思维。从思维过程来看创新思维时强调，当用惯常思维不能解决问题时，人们可以转化方式或角度，使思维过程在这转化节点上发生质的变化，从而创造性地解决问题。创新思维还强调思维状态的积极性，这就要求人们发挥最大的主观能动性，千方百计、殚精竭虑地想，不达目的不罢休，这样一种思维状态才能算创新思维。

创新思维的本质在于将创新意识的感性愿望提升到理性的探索上，实现创新活动由感性认识到理性思考的飞跃。

知识点拨

创新思维是相对于传统性思维而言的创造性思维是所有人都有的，但是，不是所有的人都能够利用它，大量的创新思维被埋没了。例如，小学生问老师："老师，天上会不会有两个太阳？"如果老师说："瞎说。国无二君，天无二日，怎么会有两个太阳。"那么就完了，小孩的创新思维就被泯灭了，天上可能就有两个太阳、五个太阳。宇宙无限，太阳系可能有很多，这个创新性思维就被埋没了。如果某人习惯于传统性的思维，并且常规性的思维占主导，那么它的创造力就发挥不出来。

【知识链接】

爱因斯坦曾说："没有个人独创性和个人志愿的统一规格的人所组成的社会将是一个没有发展可能的不幸的社会。"管理大师彼得·德鲁克曾说："对企业来讲，要么创新要么死亡。"我们人类社会就是一部创新的历史人类社会发展的历史，就是一部创新的历史，就是一部创造性思维实践和创造力发挥的历史。

2. 创新思维的构成

创新思维要求具有批判精神，它的构成主要有以下几个方面：

（1）积极的求异性。创新思维是一种求异思维，着力于发掘客观事物之间的差异；现象与本质的不一致性；已有知识、理论和认识的局限性；对习以为常的现象敢于怀疑；对人们异口同声称赞的人和事勇于"挑刺"、找毛病；对已有的权威持分析、批判的态度。若缺少积极的求异性这一构成要素，思维很难称得上是创造性思维。

（2）敏锐的洞察力。洞察力主要表现在观察之中，而观察是知觉与思维相互渗透的认识活动。不断地将观察到的事物与已知的事物联系起来，联系其相似性、特异性，发现其内在联系和本质现象，这就是洞察力。

（3）创造性想象。创新思维一时一刻也离不开想象，创造主体有超人的科学预见、丰富的想象、大胆的科学假说，其中想象起着不可替代的重要作用。想象是发明、发现及其他各种创新活动的源泉。

（4）活跃的灵感。凭直觉获取灵感的能力，是创新思维能力的一个既神奇又重要的构成。灵感是指寻求解决疑难问题时，经过长时间苦思突然豁然开朗、顿然醒悟，从而获得解决问题的新思路、新方法的思维过程。

（5）合理而有特色的知识结构。创新思维需要合理而有特色的知识结构作为思维原料。合理常指知识的广度、深度适合创造的需要。特色则指与个人创造课题的范围、领域相联系的知识结构。若思维"原料"不足或不合理，则创新思维难以活跃。

（6）新颖的表达。创新思维还离不开新颖的表达。新颖的、不落俗套的表达方式不仅可决定创造性思维成果能否为人所接受，而且也是创新思维本身的构成成分之一。表达的新颖性，一是要提出一套新的概念、原理、范畴；二是要形成表现新的思维形式的结构体系；三是要运用准确、鲜明、生动、形象和不拘一格的语言、文字、动作、图形、形体，赋予表达以创新的形式。

3. 创新思维的特征

（1）获得突破时的突然性。创新思维常常以突然降临的形式在人们的脑中闪现，似有"踏破铁鞋无觅处，得来全不费功夫"之神奇。其实不然，突然性绝不等于"天上掉下来"的，恰恰相反，没有大脑高度集中的紧张思考，创新思维成果的突然闪现是根本不可能的。例如，诸葛亮"眉头一皱，计上心来"的突然性，是基于平时的深思熟虑、饱读兵书和耿耿忠心。

（2）与众不同、与前不同的独立性。创新思维成果总是由某个人首先独立获得的，独立性就成为其特征，甚至此人在思考中或提出创新思维成果时，是孤立的。"真理有时掌握在少数人手里"恐怕就是这一现象。例如，德国地球物理学家魏格纳大胆提出大陆漂移的假说时，全世界一片哗然，怀疑、讽刺、斥责使他处于孤立无援的困境，直到魏格纳去世几十年后，"大陆漂移说"才逐渐被人们接受。

（3）主动性和进取性。创新思维的主动性和进取性表现为主体的心理状态处于主动、进取之中。例如，历经千难万苦不以为苦，屡遭挫折失败欲罢不能，就是这种心理状态的生动写照。

4. 创新思维的精髓

在创新思维中，特别是创新思维的关键阶段，非逻辑思维要比逻辑思维具有更为关键的作用。因此，非逻辑思维是创新思维的精髓。

非逻辑思维是指创造主体不遵循逻辑常规，迅速地直接对问题做出选择、猜测和解答的思维活动。

【案例分析】

> 小案例
>
> 一位情报人员潜入敌方情报室，在用偷配的钥匙打开保险柜时，警报骤然响起，敌人蜂拥而至。情报人员来不及拔出钥匙，情急之下抓起椅子砸向窗户，在窗开椅坠的刹那间，他却隐身于垂地窗帘之后。敌至，见窗开都认为情报人员已循窗逃跑，纷纷越窗去追。未及半分钟，敌军官又返回室内持枪搜索，见钥匙仍在柜门上，说明盗情报者还未得手，也并未逃走。当敌军官搜到窗帘前，果然一双靴尖露出，他喝令"交枪！出来！"未见反应，忽觉脑后顶一枪口，但见情报人员赤双足用枪指着军官，情报终于到手，军官因反抗被击毙。

非逻辑思维具有突发性、瞬时性、跳跃性、粗略性和模糊性的特点，即非逻辑思维常常是突然出现的，带有偶然性，创造主体无法预料它的到来和结果，也无法凭意志使它产生。非逻辑思维常常突然闪现、稍纵即逝，如不及时抓住，便很容易忘掉。而且，非逻辑思维的结果比较粗浅、直接，带有较强的试探性和猜测性。因而，非逻辑思维的结果只是指出了解决问题的方向，是一种启示和隐喻，而不是终结，所以还需进一步加深才能创造性地解决问题。

 课堂阅读 2.1

两个大学生的逻辑思维

两个大学同学毕业了，同时应聘到一家公司去工作。两年过后，公司总经理提拔了 A 同学当副科长，B 同学心理不平衡了："我们两个不是一块来的吗，工作我们都非常努力，怎么提拔了他不提拔我啊？"于是他便去找总经理讨"说法"。总经理对他说："你先帮我干一件事吧。现在是下午四点半，你到街上隔壁的自由市场上去，看有什么东西卖没有，回来跟我说一声。" B 同学说："那好，我去看一下。"一会儿 B 同学回来了，他告诉总经理，市场上有个农民推了个手推车，在卖土豆。总经理说："这一车土豆大概有多少斤呢？""我没问，我去问一下。"一会儿，B 同学回来了，告诉总经理说一车土豆有 300 多斤。总经理说："它大概多少钱一斤呢？""噢，这个问题我还没问，那我再去问一下。"一会儿，B 同学回来了。"总经理，8 角钱一斤。"总经理说："要是我全部都买了，价格是否可以便宜一点？""噢，这个问题我要去问一下，你等一会儿。"一会儿，B 同学又回来了。"总经理，300 斤呢，他 6 角钱一斤就卖了。"总经理看他跑了四趟，汗水出来了，端一杯热茶过去给他，让他坐下休息一下。总经理又把提了副科长的 A 同学叫过来说："小 A 你到隔壁市场上去看一下有什么东西卖没有，回来给我讲一下。" A 同学就去了，一会儿回来了。"总经理，有个农民推着一车土豆在卖。"总经理问："大约有多少斤重啊？""总经理，顺便问了一下，300 斤多一点"。总经理说："多少钱一斤呢？""我也顺便问了一下，8 角钱一斤"。总经理说："全部买了，价格是否可以便宜一点？""我顺便问了一下，6 角钱一斤他就卖。"总经理说："叫他来，我们都买了。""我已经叫到门口了，只等你一声令下就进来。" B 同学一看到这个全过程，说不出话来了。

（资料来源：根据百度文库资料整理）

【知识链接】

 ## 2.2 创新思维的表现形式

创新性思维的关键在于怎样具体地去进行创新性的思维，其诀窍在于多角度、多侧面、多方向地看待和处理事物、问题和过程。

一、理论思维

理论一般可理解为原理的体系，是系统化的理性认识。理论思维是指使理性认识系统化的思维形式。这种思维形式在实践中应用很多，如系统工程就是运用系统理论思维来处理一个系统内和各个有关问题的一种管理方法。

例如，钱学森认为，系统工程是组织管理系统的规划、研究设计、创新试验和使用的科学方法。又如，有人提出"相似论"，也是科学理论思维的范畴，即人见到鸟因有翅膀而能飞,就根据鸟的翅膀、鸟体几何结构与空气动力和飞行功能等相似原理发明了飞机,这种理论体系也称"仿生学"。在企业组织生产中,也有很多地方要用到理论思维。为了把握创新规律,就要认真研究理论思维活动的规律,特别是创新性理论思维的规律。

二、多向思维

多向思维也叫发散思维、辐射思维或扩散思维,是指对某一问题或事物的思考过程中,不拘泥于一点或一条线索,而是从仅有的信息中尽可能向多方向扩展,而不受已经确定的方式、方法、规则和范围等的约束,并且从这种扩散的思考中求得常规的和非常规的多种设想的思维。

多向思维的概念,最早是由美国心理学家伍德沃斯于1918年提出,之后英国心理学家斯皮尔曼等人将其作为一种"流畅性"因素而使用过。美国心理学家吉尔福特在"智力结构的三维模式"中,便明确地提出了发散性思维,也就是多向思维。他认为,发散思维是从给定的信息中产生信息,其着重点是从同一来源中产生各种各样的为数众多的输出。

多向思维的特点:一是"多端",即对一个问题可以有多个开端,产生许多联想,获得各式各样的结论。二是"灵活",即对一个问题能根据客观情况的变化而变化。例如,如果第二次龟兔赛跑兔子又输了,原因可能是方向相反,还可能是前面有条河等。三是"精细",即能全面细致地考虑问题。四是"新颖",即答案可以有个体差异,各不相同,新颖不俗。在20世纪50年代后,通过对发散性思维的研究,有专家进一步提出发散性思维有流畅度(指发散的量)、变通度(指发散的灵活性)和独创度(指发散的新奇成分)三个维度,而这些特性是创新性思维的重要内容。

人的多向性思维能力是可以通过锻炼而提高的,其要点:一是遇事要大胆地敞开思路,不要仅仅考虑实际不实际、可行不可行。这正如一个著名的科学家所说:"你考虑的可能性越多,也就越容易找到真正的诀窍。"二是要努力提高多向思维的质量,单向发散只能说是多个低水平的发散。三是坚持思维的独特性是提高多向思维质量的前提,重复自己脑子里传统的或定型的东西是不会发散出独特性的思维的。只有在思维时尽可能多地为自己提出一些"假如……""假设……""假定……"等,才能从新的角度想自己或他人从未想到过的东西。

▶ 小案例

老师问学生:"树上有10只鸟,开枪打死1只,还剩几只?"如图2.5所示,这是一个传统的脑筋急转弯题目,有的人会老老实实地回答"还剩9只",有的人会回答"1只不剩",但是有个孩子却是这样回答的。

他反问:"是无声手枪吗?"

"不是。"

"枪声有多大?"

"80分贝至100分贝。"

"那就是会震得耳朵疼?"

"是。"

"在这个城市里打鸟犯不犯法?"

"不犯。"

"您确定那只鸟真的被打死啦?"

"确定。"老师已经不耐烦了,"拜托,你告诉我还剩几只就行了。"

图 2.5　树上的鸟

"树上的鸟里有没有聋子？"
"没有。"
"有没有关在笼子里的？"
"没有。"
"边上还有没有其他的树，树上还有没有其他的鸟？"
"没有。"
"有没有残疾的鸟或饿得飞不动的鸟？"
"没有。"
"打鸟的人眼睛有没有花？保证是 10 只？"
"没有花，是 10 只。"
老师已经满头大汗，但那个孩子还在继续问："有没有傻得不怕死的？"
"都怕死。"
"会不会一枪打死 2 只？"
"不会。"
"所有的鸟都可以自由活动吗？有没有鸟巢？里边有没有不会飞的小鸟？"
"没有鸟巢。所有的鸟都可以自由活动。"
"如果您的回答没有骗人"，学生满怀信心地说，"打死的鸟要是挂在树上没掉下来，那么就剩 1 只；如果掉下来，就 1 只不剩。"

三、侧向思维

当我们在一定的条件下解决不了问题，或虽能解决问题但只是用习以为常的方案时，则可以用侧向思维来产生创新性的突破。

1. 侧向移入

侧向移入是指跳出本专业、本行业的范围，摆脱习惯性思维，侧视其他方向，将注意力引向更广阔的领域或者将其他领域已成熟的、较好的技术方法、原理等直接移植过来加以利用；或者从其他领域事物的特征、属性、机理中得到启发，对原来思考问题进行创新设想。

例如，鲁班由茅草的细齿拉破手指而发明了锯，威尔逊移入大雾中抛石子的现象而设计了探测基本粒子运动的云雾器等，都是侧向移入思维的实例。大量的事例说明，从其他领域借鉴或受启发是创新发明的一条捷径。

2．侧向转换

侧向转换是指不按最初设想或常规直接解决问题，而是将问题转换成为它的侧面的其他问题，或将解决问题的手段转为侧面的其他手段等，这种思维方式在创新发明中常常被使用。例如，在"网络热潮"中，兴起了一批网络企业，但真正最终获利的是设备提供商。

3．侧向移出

与侧向移入相反，侧向移出是指将现有的设想、已取得的发明、已有的感兴趣的技术和本厂产品，从现有的使用领域、使用对象中摆脱出来，将其外推到其他意想不到的领域或对象上。这也是一种立足于跳出本领域，克服线性思维的思考方式。例如，将工程中的定位理论用在营销中。

总之，不论是利用侧向移入、侧向转换还是侧向移出，关键的窍门是要善于观察，特别是留心那些表面上似乎与所思考的问题无关的事物与现象。这就需要在注意研究对象的同时，要间接注意其他一些偶然看到的或事先预料不到的现象，也许这种偶然并非偶然，而是侧向移入、移出或转换的重要对象或线索。

小案例

派克笔的起源就是因为其创始人的多种倾向思维而形成的创意。1863 年，乔治·派克出生于美国威斯康星州的舒尔斯堡。从 1880 年起，乔治·派克开始在瓦伦丁学校工作。为了贴补他可怜的工资，乔治·派克成为一名中间商，主要帮约翰·霍兰的钢笔公司销售钢笔给他的学生。同当时的许多钢笔一样，这些笔总是有技术问题，包括漏墨水和供墨故障等。在接到许多同学的抱怨后，乔治·派克开始义务为学生修笔。他把每一支笔拆开，修理好后再还给学生。于是在这个过程中，他形成了一个明确的、想要制造出"更好的笔"的理念，也开始为着这一目的展开一系列的思维活动。乔治·派克为了根除以往钢笔的缺陷，凭借其在机械方面的经验，最终设计并制造出了自己的钢笔——派克笔（图 2.6），并于 1888 年创立了派克公司。

图 2.6　派克笔的标识

四、逆向思维

哲学研究表明，任何事物都包括对立的两个方面，这两个方面又相互依存于一个统一体中。人们在认识事物的过程中，实际上是同时与其正反两个方面打交道，只不过由于日常生活中人们往往养成一种习惯性思维方式，即只看其中的一方面，而忽视另一方面。如果逆转一下正常的思路，从反面想问题，便能得出一些创新性的设想，如管理中的"鲇鱼效应"、需改变传统的"对固定路径的依赖"。逆向性思维具有普遍性和新颖性的特点。

1. 普遍性

逆向性思维在各种领域、各种活动中都有适用性，由于对立统一规律是普遍适用的，而对立统一的形式又是多种多样的。有一种对立统一的形式，相应地就有一种逆向思维的角度，所以逆向思维也有无限多种形式。如性质上对立两极的转换：软与硬、高与低等；结构、位置上的互换、颠倒：上与下、左与右等；过程上的逆转：气态变液态或液态变气态、电转为磁或磁转为电等。无论哪种方式，只要从一个方面想到与之对立的另一方面，都是逆向思维批判性。逆向是与正常比较而言的，正向是指常规的、常识的、公认的或习惯的想法与做法；逆向思维则恰恰相反，是对传统、惯例、常识的"反叛"，是对常规的挑战，它能够克服思维定势，破除由经验和习惯造成的僵化的认识模式。

2. 新颖性

循规蹈矩的思维和按传统方式解决问题虽然简单，但容易使思路僵化、刻板，摆脱不掉习惯的束缚，得到的往往是一些司空见惯的答案。其实，任何事物都具有多方面的属性。由于受过去经验的影响，人们容易看到熟悉的一面，而对另一面却容易忽视。逆向思维能克服这一障碍，往往能出人意料，给人以耳目一新的感觉。

小案例

1974年的香港地区，"大降价"的彩旗挂满街头，"七折""八扣"的标签俯拾皆是，被招引来的顾客却很少破费，市场很不景气。可是，开业不久，专营领带的金利来有限公司竟反其道而行，提价出售领带。对此，同行们言论纷纷，皆笑其不识时务。但是，金利来有限公司却认为，领带的降价，只是受香港经济不景气的影响。由于香港人普遍穿西装、系领带，还很追求名牌，所以领带市场的需求仍然很大。此时采取"反向调价"的做法，不仅有市场，还会因此引人注目，有助于扬名创牌。结果，提了价的金利来领带不仅销路大畅，而且还从此创出了国际市场上的名牌产品（图2.7）。

图2.7　金利来的标识

五、联想思维

联想思维是指由某一事物联想到另一种事物而产生认识的心理过程，即由所感知或所思的事物、概念或现象的刺激而想到其他的与之有关的事物、概念或现象的思维过程。联想是每一个正常人都具有的思维本能。由于有些事物、概念或现象往往在时空中伴随出现，或在某些方面表现出某种对应关系，这些联想由于反复出现，就会被人脑以一种特定的记忆模式接受，并以特定的记忆表象结构储存在大脑中。一旦以后再遇到其中的一个时，人的头脑会自动地搜寻过去已确定的联系，从而马上联想到不在现场的或眼前没有发生的另外一些事物、概念或现象。

联想的主要素材和触媒是表象或形象。表象是对事物感知后留下的印象，即感知后的事物不在面前而在头脑中再现出来的形象。表象有个别表象、概括表象与想象表象之分，联想主要涉及前两种，想象才涉及最后一种。按古希腊思想家亚里士多德的三个联想定律——"接近律""相似律"与"矛盾律"，可以把联想分为相近、相似和相反的三种类型，其他类型的联想都是这三类的组合或具体展开。

1. 相近联想

相近联想是指由一个事物或现象的刺激想到与它在时间相伴或空间相接近的事物或现象的联想。

2. 相似联想

相似联想是指由一个事物或现象的刺激想到与它在外形、颜色、声音、结构、功能和原理等方面有相似之处的其他事物与现象的联想。世界上纷繁复杂的事物之间是存在联系的，这些联系不仅仅是与时间和空间有关的联系，还有很大一部分是属性的联系。例如，学习中的"高原现象"与企业成长阶段的"瓶颈"，"狐假虎威"与"品牌联盟"，战场上的战术与商场竞争中的策略等。相似联想的创新性价值很大。随着社会实践的深入，人们对事物之间的相似性认识越来越多，极大地扩展了科学技术的探索领域，解决了大量过去无法解决的复杂问题。

利用相似联想，首先要在头脑中储存大量事物的"相似块"，然后在相似事物之间进行启发、模仿和借鉴。由于相似关系可以把两个表面上看相差很远的事物联系在一起，普通人一般不容易想到，所以相似联想易于产生创新性较高的设想。

3. 相反联想

相反联想是指由一个事物、现象的刺激而想到与它在时间、空间或各种属性相反的事物与现象的联想，如由黑暗想到光明，由放大想到缩小等。相反联想与相近、相似联想不同，相近联想只想到时空相近面而不易想到时空相反的一面，相似联想往往只想到事物相同的一面而不易想到正相对立的一面，所以相反联想弥补了前两者的缺陷，使人的联想更加丰富。同时，又由于人们往往习惯于看到正面而忽视反面，所以相反联想又使人的联想更加多彩，更加富于创新性。

小案例

1764 年，14 岁的华盛顿在种植园一个石房子后面种了一棵苹果树，他父亲见到后说："你如果想吃到苹果，你就必须把它种到有阳光的地方，并且给它浇水。"转身离开时，这位父亲又说了一句话："如果你帮助它得到它想要的，你就能得到你想要的。"在1787年费城立宪大会上，这句话曾被华盛顿反复地引用。他在君主制盛行的18世纪，采取了三权分立的民主制，当了8年总统后便隐退了。

从苹果树下父亲的话，联想到民主制度。从表面来看是关于种植苹果，实际上说的是一切事物相近、相关的联系，对个人的思维甚至国家的命运都有着重要的意义。

六、形象思维

形象思维就是依据生活中的各种现象加以选择、分析、综合，然后加以艺术塑造的思维方式。它也可以被归纳为与传统形式逻辑有别的非逻辑思维。严格地说，联想只完成了从一类表象过渡到另一类表象，它本身并不包含对表象进行加工制作的处理过程，而只有当联想产生创新性的形象活动时，才会产生创新性的成果。实际上，联想与形象的界限是不易划分的，有人认为可以把形象看成是一种更积极、更活跃、更主动的联想。

不同类型的形象，其具体物质特征可能不尽相同，但它们作为同一种思维方式，又有下面一些共同特点。

1. 形象性

人们通过社会生活与实践将丰富多彩的事物形象储存于记忆中形成表象，成为想象的素材。想象的过程是以对表象的分析和选择为基础的综合过程。想象所运用的表象及产生的形象都是具体的、直观的。即使在研究抽象的科学理论时，人们也可以利用想象把思想具体化为某种视觉的、动觉的或符号的图像，把问题和设想在头脑中构成形象，用活动的形象来思维。例如，爱因斯坦在研究相对论时，就曾利用"火车""电梯""引力定律"等一些抽象的概念。抽象的理论或概念在思维过程中往往带有僵硬性，它的内容变化比较缓慢，常适应不了新的问题变化的要求。同时，在思维中概念的推演也要受逻辑框框的束缚，而直观的形象在思维过程中较概念更灵活，较少有保守性。

2. 创新性

形象具有很大的创新性，因为它可以加工表象，多样式性的加工本身就是创新，如人们可以按主观需求或幻想分解或打乱表象、抽象、强化表象等。由于形象带有浓烈的主观随意性和感情色彩，所以它也表现出丰富多彩的创新性。

3. 概括性与幻想性

运用形象的思维活动并不是一种感性认识形式，而是具有形象概括性的理性认识形式，是由感性具体经过一系列的提炼和形象推演来进行的。与概括性互补的是形象中包含着猜想与幻想成分，是一种高于感知和表象的崭新意识活动。形象思维更能在不确定情况中发挥人们创新性探索的积极性，有助于突破直接的现实感性材料的局限。

小案例

"超级明星"米老鼠（图2.8）是如何"孕育"、诞生的呢？这就得提到他的制作人、美国动画艺术片的先驱沃尔特·迪士尼。在20世纪20年代，他开始研究创作动画片，厂址就在好莱坞一间破旧的、老鼠经常出没的汽车房里。那些日子，他一有空闲，就饶有兴致地观察钻出钻进的小老鼠。于是，一个新"角色"

的雏形，就在他脑中浮现。一次，他从纽约乘火车去洛杉矶。在漫长的旅途中，闲来无事，他抓起笔即兴作画。一只穿着红天鹅绒裤、黑上衣、带着白手套的小老鼠在画纸上出现了。本来令人讨厌的老鼠，在他笔下，竟如此幽默可爱，顿时引起旅伴们的注意，有人还给它取了个人的名字：米奇。不久，当动画片需要新角色时，米老鼠就机灵地登场了。

图 2.8 米老鼠的形象

 课堂阅读 2.2

<h3 style="text-align:center">无 所 畏 惧</h3>

【点评参考】

有个高中数学老师，给同学们布置家庭作业，共布置了四道题。有个同学回家做第一道题，很轻松做出来了。第二道题稍微难一点，他也做出来了。第三道题确实有点难，他做了不到一个小时做出来了。第四道题他怎么也做不出来，于是他熬了一个通宵，终于做出来了。

老师在批改他的作业时，第一题打钩，第二题打钩，第三题打钩。第四题虽然也打钩，但是打得非常凝重，老师惊呆了，"哇！他怎么把这个题都做出来了！"因为老师没有注意，顺便把一道世界难题写在黑板上，结果他的学生一下子给解出来了。

2.3 培养创新思维的方法

在高校中培养大学生的创新思维是非常有必要的，目前世界上大多数国家都已经把创新教育纳入高等教育的重要日程。教育过程中创新思维是指人脑对客观事物进行有价值的求新探索，并获得独创结果的思维过程，是人们运用新颖、独特的方式解决问题的思维过程，它是思维的高级形式。下面我们先来从一个案例谈起。

一、来自高尔丁死结的启示

流传于古亚细亚的一则寓言中曾讲到，率军征战的亚历山大大帝在占领了小亚细亚的一座小镇后，有人请他观看一辆神话传说中皇帝的战车，车上有一个用套辕杆的皮带奇形怪状地纠缠起来的结子。据说驾驭这辆战车的皇帝曾预言，解开这个奇异的"高尔丁死结"（图2.9）之人就注定会成为亚细亚之王，但所有试图解开这个结的人都无一例外地以失败而告终。亚历山大兴致顿生，决心一试，在苦思冥想，仍一筹莫展之后，亚历山大手起刀落，一下子把绳结割为两段并大声宣布："这就是我自己的解结规则！"人们在钦佩亚历山大的智慧与魄力之余，也把"高尔丁死结"一词用作一切疑难问题的代称。

图2.9　高尔丁死结

这个寓言给了我们一个很好的启示：

（1）遇到问题不能盲动，观察清楚才能一击必中。

（2）目标就是目标，手段就是手段，手段从来都是为目标服务，不要陷在手段的泥潭里而失去了目标，只有目标明确才能找到最有效的手段。

（3）有时越复杂的问题，解决的方法越简单。

（4）当问题千头万绪、无从着手时，连根拔起不失为明智之举。

二、创意

1．创意的含义

创意是传统的叛逆，是打破常规的哲学，是破旧立新的创造与毁灭的循环，是思维碰撞、智慧对接，是具有新颖性和创造性的想法，是不同于寻常的解决方法。

创意起源于人类的创造力、技能和才华，来源于社会又指导着社会发展。人类是创意、创新的产物。类人猿首先想到了造石器，然后才动手动脚把石器造出来，而石器一旦造出来类人猿就变成了人。人类是在创意、创新中诞生的，又在创意、创新中发展。

发展离不开创意。创意是一种突破，产品、营销、管理、体制、机制等方面主张的突破。

创意是逻辑思维、形象思维、逆向思维、发散思维、系统思维、模糊思维和直觉、灵感等多种认知方式综合运用的结果。创业者要重视直觉和灵感，许多创意都来源于直觉和灵感。

2．创意思考

所谓创意思考，就是有创造力的思考，创造一些新事物或新模式。所有的创意都是从想象力衍生而来的。在生活周围所接触的人当中，我们会发现有些人充满创意，"点子"特别多；有些人一听到创意，马上就会摇头挥手，表示自己最欠缺的就是创意。其实，创意思考是人类与生俱来的能量，创意思考的能力来自于脑力是否经常运用。

当我们的汽车长时间不使用时，我们会时常发动汽车，让电瓶随时充电，以便日后汽车可以顺利行驶。人类的脑力也是这样，脑力必须像电瓶一样不断地运用，才不至于发生"宕机"的现象。日本学者船川淳志先生在《思考不关机》一书中提及，人类身体上的疾病，除了借由药物之外，也可以借由饮食习惯等方法来加以改善。例如，高血压的患者必须借由少盐多健康、天天五种蔬菜来改变饮食；高胆固醇的患者则必须借由控制油脂的摄取量，来降低胆固醇。人类的头脑也是属于身体器官的一部分，所以创意思考能力当然也可以借由思考习惯的改善，来强化思考能力。另外，船川淳志先生也提及，人类缺乏创意思考里最主要是有"思考放弃""思考依赖""思考扭曲"和"思考偏颇"四种恶习阻碍，而且这四种恶习在各行各业中随处可见。

课堂阅读2.3

需要一把剪刀

据说篮球运动刚诞生的时候，篮板上钉的是真正的篮子。每当球投进的时候，就有一个专门的人踩在梯子上把球拿出来（图2.10）。为此，比赛不得不断断续续地进行，缺少激烈紧张的气氛。为了让比赛更顺畅地进行，人们想了很多取球的方法，都不太理想。有位发明家甚至制造了一种机器，在下面一拉就能把球弹出来，不过这种方法仍没能让篮球比赛紧张激烈起来。

终于有一天，一位父亲带着他的儿子来看球赛。小男孩看到大人们一次次不辞劳苦地取球，不由大感不解：为什么不把篮筐的底去掉呢？一语惊醒梦中人，大人们如梦初醒，于是才有了今天我们看到的篮网样式。

【点评参考】

图2.10 踩着梯子拿球

（资料来源：百度快照，ahtriz.ahinfo.gov.cn/t，2013.3.21）

3. 影响创意思考的情况

1）思考放弃

拥有思考放弃症的人，一开始就会主动放弃脑力的运用。例如，"给的时间不够多，所以很抱歉这件事情没办法做……""这事情不是理所当然就是这样的吗……"即使时间不够多，但仍可试想在短时间有哪些解决的方案，一样也是可以顺利进行，不要一开始为了放弃思考就断然拒绝，原则上就是必须先加以思考后，才能下定论。又如，如果认为任何事情都是理所当然的话，牛顿就无法发现万有引力定律。当苹果从树上掉下来，如果牛顿觉得这现象是理所当然的，可能就跟一般大众一样，捡起苹果在身上擦一下，咬一口，接下来再抬头仰望是否有第二个苹果掉下来……但牛顿显然对于这种现象是充满疑问，成熟的苹果为何会往下掉？为何不往空中飘？或往左右两侧平抛？也就是牛顿认为这并非是理所当然的现象，因此经过多年的研究之后，才得以发现万有引力定律。

思考放弃症的人大致上分为以下三种类型：

（1）借口型。"这部分我没有接触过，所以我可能没办法处理。"没有仔细评估过就直接放弃，有些事物即使手上取得的信息很少，但因为信息科技的发达，很多信息在搜寻上十分简易，所以即使没接触过还是可以去思考解决方案。

（2）泄气型。"我书读得不好，这个问题不要问我……""我只是一个小小职员而已，所以这个还轮不到我……"只要一有泄气的念头，思考就会立即放弃，即使书读得不好，但是仍然可以在周围有限的环境及信息中，找到思考的核心及体制，最重要的是要养成思考的习惯。

（3）赌气型。"知道这些又能怎样……""我觉得思考这样的问题有些愚蠢……"赌气型症状的人会借由自己本身强悍的气势，来强化自己的思考放弃。

要改善思考放弃的症状，就必须改变脑力思考的习惯，人类的思考能力是无穷无尽的，只要认真思考就一定能找到解决问题的答案。

知识点拨

要活化思考力主要有三个循环步骤：首先，须坚持思考没有极限的信念，只要认真思考就一定可以找到合适的解决方法；其次，养成追根究底、打破砂锅问到底的习惯；最后，是思考力渐进式地得到活化。

2）思考依赖

人类总是会过度依赖一些权势、多数人、新兴名词，甚至卖弄经验，将自己慢慢导向思考依赖症状而不自知。

思考依赖症的人有以下四种类型：

（1）对权势的依赖。"这是组长说的，大家跟着做就对了……"组长会这样说一定有其原因及理由，其根据工作经验或情势判断所做出的决定，执行者若不彻底理解并思考这样做实质的意义，而只是一味地听取命令行事，将无法在工作中获得决断能力以及知识的成长。

（2）对多数人的依赖。"因为原料上涨，不只我们公司，其他公司很早就在偷工减料……"把别人的错误行为，当成自己理所当然跟进的借口，然而如此一来，除了降低了公司产品品质，更可能危害消费者的健康，甚至赔掉了整个消费市场。

（3）对新兴名词的依赖。

小案例

A公司："顾问，请帮我们公司引进云端。"

电脑顾问："云端，请问你们打算要引进哪个区域？"

A公司："我们不清楚云端是什么，只是我们的竞争公司最近引入了，所以我么也想要有云端。"

未经过确切评估公司的需求，只是一味地被牵着鼻子前进，最后也只是导致东施效颦，对公司的创新没有一点帮助。

（4）对卖弄经验的依赖。"公司几十年来都是这样做的啊。我们跟着做就不会有事了……"公司一直沿用某个制度、某个方法，一定是其来有自，未经深入了解、询问调查，将永远无法明白为什么这样做，等到某天企业改组，或公司产生变革时，就只能坐以待毙，等待他人来发号施令。

 知识点拨

思考依赖并不是完全不可行，只是完全地盲从或过度的依赖他人的想法或行为，以致让自己逐渐地停止思考，甚至把思考依赖当成是理所当然的行为，这才是导致思考力降低的原因所在。

3）思考扭曲与思考偏颇

思考扭曲的人通常都包含着一些"先入为主"或"自以为是"的个性因素，凭着自己既定的感觉来判断周遭事物，或者总觉得自己的想法才是最有帮助，认为别人提出的都是一些粗浅或没有建设性的意见。

 知识点拨

只凭着一己的直觉就断定一个人行为，或评论事件的发展，这是思考扭曲容易产生的偏差，凡事必须经过实际地观察及深入分析理解之后，再下定断言，才能得到较客观的结果。

思考偏颇主要发生在专业领域不同的群组之间，由于沟通不良，导致互相产生芥蒂进而发生一些冲突，或两队人马互看不顺眼，这样的情形时有发生。例如，财务部门认为技术部门这一季最新产品研发的经费超出当初预算所制定的经费太多，而提出质疑；技术部门则认为财务部门根本不了解什么叫作技术研发，因此只愿对财务部门进行一些表面的报告，不愿做具体的说明。试想一下，企业中如果有过多的部门是处于这种相处模式之下，必定会将企业引向衰败的命运。

相同专业领域的人，由于所学相同且常年都钻研在同样的领域上，彼此沟通起来比较不会有问题；但不同领域沟通时，要让对方充分的理解，将是一个相当困难的课题。因此，在不同领域的沟通过程中，要试着改变自己沟通的方式，毕竟对象是非本领域的专业人士；当对方说明时，则要仔细聆听并理解不同领域对事件的看法，才能真正解决问题。一般可以透过不同专业领域的沟通，从多方面来考量问题、活化思考力，可以避免不良的沟通导致公司无谓的损失。

知识点拨

要增加创意思考能力并不难，但首要的第一步就是要先改变自己的用脑习惯，随时保持着"彻底思考之后一定会有答案"的信念，每个人一定可以产生妙想，创造出无限商机。

小案例

有一个小学的老师，给学生出了一个考题：在一条船上有75头牛，有32只羊，问船长的年龄有多大？

抽样调查的结果，一个班有百分之七八十答案都是 75 减 32，船长 43 岁，实际上，这是一道没有答案的题。那个船长的年龄，他和 75 头牛、32 只羊有什么关系？是没有关系的。可是小学生一看，这个题出来了，肯定有标准答案，于是他们还是动了脑筋，75 加 32 等于 107 岁。107 岁能开船吗？早就退休了。他们一除，75 除 32，二点几岁。他们又一乘，2 000 多岁了。终于他们动脑筋了，75 头牛减 32 只羊 43，43 岁开船不正好吗，这就是思维定势的原因。

知识点拨

思维一旦进入死角，其智力就在常人之下。思维一旦进入定势，再聪明的人的智力也不会发挥出来。所以，我们既然创新思维，首先要把思维定势要打破。

三、大学生创新思维能力的培养

培养大学生创新思维的习惯是从产生问题开始的，思维也是从产生问题开始的。对于创新型人才来说，应该养成独立思考、积极思考的习惯，这才有助于人们发现问题、提出问题，走上创新之路。爱因斯坦曾说："发展独立思考和独立判断的一般能力，应当始终放在首位，而不应当把获得专业知识放在首位，如果一个人掌握了他的学科的基础理论，并学会了独立地思考和工作，他必定会找到他自己的道路，而且比起那种主要以获得细节知识为培养内容的人来，他一定会更好地适应进步和变化。"

在思维的过程中，人们提出问题与分析问题，提出假设与验证假设都与其知识和经验的积累息息相关。例如，丰富的知识和经验可以帮助医生有效地诊断病情，可以帮助工人有效地运用技能，可以帮助教师有效地教书育人。在思维实践中，通过深入思考、积累经验，就可以为后续的思维打下基础。古人云："授人以鱼，不如授人以渔。"对于大学生来说，创新思维是最基本的创新能力，只有具备了创新思维，才能运用它去解决创新性的问题。对于如何培养大学生的创新思维能力，主要有以下几点建议：

（1）强化创新意识的教育。创新意识就是根据客观需要而产生的强烈的不安于现状，执意于创新创造要求的动力。有了意识才能启动创新思维，才能抓住创新机会，才能获得创新成果。对于大学生，必须强化创新动力观教育；强化创新主体观教育，冲破求稳循规的思想羁绊，培养学生敢于创新的意识。

（2）增强创新思维的训练。思维具有时空的超越特性，这种超越性正是所有创意的来源。对创新思维的激发和启发，必须从发散思维和聚合思维的结合中，训练学生的抽象思维；必须从形象联想和表象想象的结合中，训练学生形象思维；必须从直觉顿悟和灵感激发的结合中，训练学生的灵感思维。

（3）注重创新能力的培养。创新能力应该体现在吸取知识的能力上，不仅要看学习过多少知识，还要看在多大程度上将人类文化的精神内化为自身的素养，成为自身不可分割的一部分；这种创新能力还应体现在对周围事物的理解能力、应变能力和对未来知识的驾驭能力上。

（4）着力创新人格的塑造。所谓创新人格，就是创新人才的情感、意志、理想和信仰等综合内化而形成的全面发展现代人格，或者叫创业者人格。在创新人格的培养和塑造过程中，既要引导学生在自学进取中培养自信，还要引导学生在战胜挫折中培养意志和在对待利益关系调整中树立正确的人生态度。

 知识链接

高校教师应当如何开展思维教学

开展思维教学就是要遵循学生的思维发展规律，运用相应的教学内容、方法，对学生的思维进行有意识的训练，以培养学生良好的思维技能、意向和态度。思维教学是当前教学改革的重要方向。现阶段，高校主要利用课堂平台开展思维教学活动，强调教师对现有思维理论和思维方法的理解及其在相关学科课堂教学中的组织与运用。教师要通过开展各种形式的思维训练，促使同学的注意力、记忆力、分析力、想象力、直觉力、综合力及判断力等得到显著提高，造就拥有学习能力和创造能力的高素质人才。一个人可以身无分文，胸无点墨，但不可以没有创新思维。

1. 如何激发学生的创新思维

在教学过程中，教师要创设民主和谐的教学氛围，消除学生的紧张、压抑感，启发诱导学生积极思维。此外，教师还要关注学生之间的关系，尽量让学生互相合作、相互鼓励，唤醒全体学生的参与意识，赞赏学生的独创之处。在引导学生进行课堂讨论时，由于学生的观察角度、知识水平、理解能力、个人经历的差异，对问题的看法肯定会有所不同，也就会有不同的观点，即使是有失偏颇的观点，这时教师也要积极引导鼓励学生，而不能简单粗暴地加以否定。

2. 如何转变传统教育方式

教师在高校教育教学中主要起引导作用，而不是处于主导地位。传统教育热衷于"教师滔滔讲，学生静静听"的教学方式，很难吸引学生的注意力、调动学生的积极性。让学生忙于上课记笔记、下课忘笔记、考前背笔记、考后扔笔记，创新就更无从谈起。转变传统的教育方式并不是让老师完全不讲，毕竟创新是在一定的理论基础上所进行的，学生的学识和能力有限，这就要求老师讲授一部分内容，留一些跟当天内容有关的让学生自己思考；课堂上不"满堂灌"，给学生留一定的思考空间。作为教师，应该努力寻求新的教学方法和教学模式，将自己的教学与学生的学习兴趣、思维活动紧密结合，使自己的教学设计更加符合学生的认知规律，从而达到预期的教学效果。因此，教师要在教学组织方式上发挥引导作用，充分调动学生的积极性、主动性，使学生能动地运用自己的知识，积极参与教学，而不是被动接受；在教学方法上，培养学生独立思考的能力，培养学生发现问题、提出问题、解决问题的能力，而不是培养简单的"接收器"；在教学内容上，引导学生广泛涉猎各科文化知识，而不是死啃一本教材。

3. 如何开展实践教学活动

针对不同学生主体的实践教学，有助于激发同学的创新意识和钻研精神。学校要适应社会发展要求，正确理解和掌握实践教学在人才培养中的作用。学校可以根据同学的兴趣、特长、专业特点和不同的要求来安排实验项目和实践教学内容，学生本人也可以自主选择实践项目。学校要统筹安排各个实践教学环节，比如实验、实训、实习、创新制作、课程设计、社会实践、毕业设计等，将这些项目经过合理配置，循序渐进地安排进实践教学中，将实践教学的目标和任务具体落实到实处。在这个过程中，学生的基本技能、专业技能和综合技术应用能力等逐渐提高，学生的思想也可变成现实。同时，改革实验教学的方法和手段，少一些验证性实验，多一些综合性、研究性实验；组织学生开展科技活动，开展创新竞赛活动，建设创新实验室等，充分发挥学生实践主体的作用。

总之，学生在校期间，最重要的素质是创造性地应对多元的、不断变化着的环境的能力。高校教师应当采用科学有效的教育方法和手段，充分鼓励同学发现问题，提出问题、讨论问题、解决问题，通过质疑、解疑，让学生具备创新思维、创新个性、创新能力，以实现培养和造就人才的目的。

课堂阅读 2.4

太阳锅巴的诞生

太阳锅巴（图 2.11）是西安宝石轴承厂厂长李某与其妻子发明的，曾获得了国家专利，其生产技术已在 10 多个国家和地区获得专利权。

一次偶然的机会，李某陪客人到饭庄进餐，发现人们对一道用锅巴做原料的菜肴极感兴趣，于是引发了联想："锅巴能作菜肴，为什么不能成为一种小食品呢？""美国的土豆片能风靡全球，作为烹饪大国的中国，为什么不能创出锅巴小吃打出国门呢？"接着就是太阳锅巴的试制、成功、投产、走俏。之后，他的联想进一步展开，既然搞成了大米锅巴，当然还可以用其他原料、别样风味的锅巴。一时间，小米锅巴、五香锅巴、牛肉锅巴、麻辣锅巴、孜然锅巴、海味锅巴、黑米锅巴、果味锅巴、西式锅巴、乳酸锅巴、咖喱锅巴、玉米锅巴等相继涌现。既然锅巴畅销，那么类似于锅巴特征的食品也相继开发问世，如虾条、奶宝、麦圈、菠萝豆、营养箕子豆等，这些风味多样的新产品使小食品市场五彩缤纷，也使西安太阳集团日益强大。

图 2.11　太阳锅巴

（资料来源：豆丁网，www.docin.com/p-111110，2015.3.29，有改动）

创 业 指 导

（1）创意是创新思维的产物，创意并不都是创业机会。有价值的创意一般具有的特征包括独特、新颖、客观、真实、可操作。

（2）创业机会可理解为商业机会或者市场机会，是指有吸引力的、较为持久的和适时的一种商务活动空间，并最终表现在能为消费者或顾客创造价值或增值的产品服务中，同时为创业者带来回报。

（3）创新思维的本质在于将创新意识的感性愿望提升到理性的探索上，实现创新活动由感性认识到理性思考的飞跃。

（4）创新性思维的关键在于怎样具体地去进行创新性的思维。创新性思维的重要诀窍在于多角度、多侧面、多方向地看待和处理事物、问题和过程。

拓展与思考

给微软白领上课的"的哥"

假如你是"的哥",在医院门口看见两个人同时向你招手,一个手里拿着药,另一个手上拿着脸盆,你会接哪个上车?可能有人会说,当然是就近原则,谁离得近就让谁上车。上海有个"的哥"臧某,他说应该接手上拿脸盆的人,理由很简单:手上拿药的人多半是小病小痛,不会跑到离家太远的地方去看病,而拿脸盆的人一定是住院的,路程通常会更远,同样是拉一趟客,收入却相差悬殊。

臧某被称为"神奇的哥",他在上海开了17年出租车,原本默默无闻,直到几个月前,他遇到了一位特殊乘客,才被广为人知。

一天中午,他接到一位乘客,车子刚起步,他就跟乘客热情地聊了起来,"终于被我守到你了,从写字楼里出来的,肯定路程不短。"乘客一愣,自己的确要去机场,便问:"你怎么知道?"他说:"我看一个人只要3秒钟,那些在超市门口、地铁口打车,穿睡衣的人可能去机场吗?机场也不会让他们进去啊……"乘客不由得兴致大增,请他继续往下说。

他举了一个例子:"有一次,我在人民广场看到三个人在前面招手。第一个是年轻女子,拿着小包,刚买完东西;中间是一对青年男女,一看就是逛街的;第三个是穿羽绒服青年男子,手上还提着笔记本电脑。我毫不犹豫地把车开到了羽绒服青年面前,那人上了车也觉得奇怪,说你为何放弃前面两个不接,偏偏开到我面前?我说,第一个女孩子是中午溜出来买东西的,估计公司很近;中间那对情侣是游客,没拿什么东西,不会去很远。羽绒服青年竖起大拇指说我说对了,他去宝山。我做过精确统计,我每天开17个小时的车,算上油费和各种费用,平均每小时的成本为34.5元。如果上来一个10元的起步价,大约要开10分钟,加上每次载客之间的平均空驶时间7分钟,等于是我花了17分钟只赚了10元钱,而17分钟的成本价是9.8元,不划算。20元到50元之间的生意性价比最高。"乘客听得瞠目结舌,心想今天遇上了奇人,这哪像个出租车司机,成本竟然精确到了每分钟,分明就是个成本核算师。

【点评参考】

说话间出租车已到了机场,乘客下车时,特意留下了他的电话。那位乘客是微软中国公司全球技术支持部的部门经理,事后他在自己的博客上写道:"臧某给我上了一堂生动的 MBA 课!"不久后,他邀请臧某为微软公司的50名员工讲了一堂课,45分钟的演讲被掌声打断了8次。"神奇的哥"臧某由此成名,先后又接受了多家企业的讲课邀请。

上海的出租车司机平均月收入在 3 000 元左右,而臧某每月的收入是 8 000 元。刚开始,几乎所有同行都认为臧某在吹牛,他又没有三头六臂,每天也得吃饭睡觉,收入怎么可能如此悬殊?有人专门到出租车公司查了他一年的营业纪录,才不得不信。臧某把开出租车当成了事业来做,每天都仔细观察,用心总结,久而久之便练就了火眼金睛,空载率极低,效率自然比别人高出许多。

(资料来源:姜钦峰,辽沈晚报,11版,2011.6.8,有改动)

创新的经济学释义

在经济学中,创新可以有多种含义,侧重点各异。
(1) 引进一种新产品或产品的新特性(图2.12)。

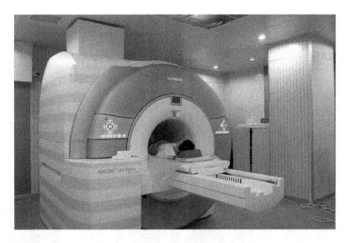

图 2.12　核磁共振成像

（2）采用一种新的生产方法（图 2.13）。

图 2.13　中国设计的时速 500 千米的高速列车

（3）开辟一个新市场（图 2.14）。

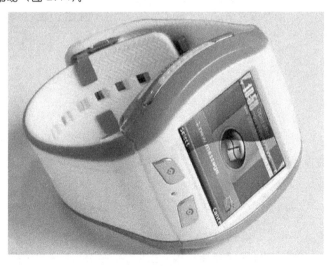

图 2.14　手机手表开辟了新市场

（4）控制原材料的一种新来源（图2.15）。

图2.15　模块定日阵太阳能发电

思 考 题

（1）请你说出回形针的10种用途。
（2）如何不受创意思考阻碍的影响？

创新思维训练1

发散思维练习

【相关提示】

（1）"魔术方阵"是法国著名哲学家、数学家笛卡儿设计的。方阵中的9个数字，纵、横、斜相加都是15。现要求变动这9个数字中第一个、一些或全部，而将纵、横、斜相加之和都变为16。

$$
\begin{array}{ccccc}
6 & + & 7 & + & 2 \\
+ & & + & & + \\
1 & + & 5 & + & 9 \\
+ & & + & & + \\
8 & + & 3 & + & 4
\end{array}
$$

（2）请你写出"申"字中藏了多少个字？

（3）有一个试场监考非常严密，考生要作弊是根本不可能的。可是试卷交齐后，阅卷的老师发现在50份卷子中，有15份卷子除了考生的姓名之外，答案是完全一样的。这是什么原因？

创新思维训练 2

逆向思维练习

(1) 根据逆向思维的六种类型,思考已知事物的相反事物,将结果填在表 2-1 内。

表 2-1　逆向思维练习

已 知 事 物	相 反 事 物
示例:吹风机	吸尘器
风力发电机	
降雨	
录音机	
空调制冷	
干燥器	
潜水艇	

(2) 著名的"哈桑借据法则"就是逆向思维成功运用的典型范例。一位商人向哈桑借了 2 000 元,并且写了借据。在还钱的期限快到的时候,哈桑发现借据丢了。他十分着急,因为丢失了借据,向他借钱的这个人是会赖账的。哈桑的朋友知道此事后给他出了一个主意,解决了哈桑的困扰,你能猜出哈桑的朋友是如何为他出主意的吗?

【相关提示】

(3) 一座巨大的金矿被发现,吸引了成千上万的人争先恐后去淘金,可是一条大河挡住了去路,怎么办?一个具有商业头脑的人该如何解决这个问题?

创新思维训练 3

联想思维练习

(1) 给定一个词或物,然后通过联想在最短的时间内形成联想链。例如天空,那么其间的联想途径可以是:天空(对比联想)——地面(接近联想)——大海(接近联想)——鱼(相似联想)——潜水员。当然,也可以是其他的联想途径。请以下信息为出发点,写出联想链,至少 5 步。

猫——老鼠——

人——机器——

茅草——高粱——

西瓜——篮球——

算盘——计算机——

地球——月亮——

西瓜——

月亮——

(2) 假如每个人都长了 6 根手指,那么扳手、钳子等工具会设计成什么样子?

假如天上有两个太阳;

假如外星人登陆地球;

假如粮食能在工厂中生产；
假如取消一切考试；
假如人类不用睡觉；
假如地球上的树木全被砍光；
假如地球引力忽然没了；
……
那会发生什么事情？

(3) 分别在下面每题的字上加同一个字使其组成不同的词。

自、睡、味、触、幻、感

阔、大、博、东、告、意

具、教、理、士、边、家

第 3 章

创业机会的识别

机会是成功创业的关键,但它只青睐那些有准备的人;抓住机会,别让机会从指间划过;如果同时存在多个机会,创业者顶多只能抓住其中之一。

——阿里巴巴创始人 马云

【名人简介】

【学习目标】

知 识 目 标	能 力 目 标
（1）了解创业机会的基本内涵与构成要素。 （2）理解创业机会的五种来源。 （3）掌握发现与识别创业机会的方法	（1）能够识别一般的创业机会。 （2）能够运用创业机会的评价方法对创业机会进行评价

 【导入案例】

用曲别针敲开求婚门

有一个叫亨特的法国青年爱上了一个中产阶级家庭的姑娘玛格瑞特。他诚恳地上门求婚，请求玛格瑞特的父亲把女儿嫁给他。

但是，玛格瑞特的父亲不想把自己的女儿嫁给这个穷小子，于是答复他说："如果你在10天内能够赚到1 000美元，我就同意你们两人的婚事。"

亨特回家后，陷入了深深的苦闷之中，1 000美元对于他来说简直是一个天文数字。为了不失去心爱的姑娘，也为了争一口气，让玛格瑞特的父亲不再小看自己，他冥思苦想，决心搞出一个发明创造，然后将专利卖掉，尽快在10天内赚到这1 000美元。

但是究竟设计什么呢？亨特废寝忘食地寻找目标，并绞尽脑汁地去尝试。爱情和自尊的力量使他很快选准了目标：人们在欢庆的场合，都习惯用大头针在衣服的前襟上别一朵花。可是大头针很不安全，经常把人的手或身体扎破，有时还会自己脱落。于是，亨特产生了灵感："如果将铁丝多折几道，再把口做成可以封住的，不就有了既方便又安全的戴花别针了吗？"他剪下2米左右的铁丝试做，反复试验，终于设计出了现代使用的曲别针雏形。大功告成之后，亨特飞奔到专利局，申请了专利。

很快，一个消息灵通的制造商问亨特："转让这个发明专利你要多少钱？"亨特一心只想把玛格瑞特娶到手，便毫不犹豫地回答："1 000美元。"制造商当场就和他达成交易。

亨特拿着1 000美元的支票跑到玛格瑞特家，玛格瑞特的父亲听完亨特讲述赚钱经的过后，先是笑了一下，随即骂道："你这个笨蛋！"原来他是嫌亨特太老实、太性急，因为这样的发明至少能值10万美元以上。但亨特还是用曲别针敲开了紧闭着的求婚之门，最终和自己心爱的人结婚了。

在结婚的庆典上，朋友们请亨特说一说求婚的体会，他说出了赢得热烈掌声并使岳父刮目相看的话："这个世界对善于思考的人来说是喜剧，对不善于思考的人来说则是悲剧。只有善于思考的人，才是力大无边的人。地球上最神奇、最瑰丽的花朵，就是思考。"

（资料来源：故事网，www.puresky.org/news/z，2014.11.27，有改动）

 3.1 创业机会的内涵

大学生创业要善于抓住好的创业机会，把握住了每个稍纵即逝的投资创业机会，就等于成功了一半。但什么是创业机会呢，下面先来了解一下创业机会的内涵。

一、创业机会的含义

创业机会主要是指具有较强吸引力的、较为持久的有利于创业的商业机会，创业者据此可以为客户提供有价值的产品或服务,并同时使创业者自身获益。

有的创业者认为自己有很好的想法和"点子",对创业充满信心。有想法有"点子"固然重要,但是并不是每个大胆的想法和新异的"点子"都能转化为创业机会的。例如,许多创业者因为仅仅凭想法去创业而失败了。那么如何判断一个好的商业机会呢?一般来说,好的商业机会有以下四个特征:

(1)它很能吸引顾客。创业者所要提供的产品与服务,对于消费者来说,应该具有吸引力,消费者愿意消费该产品与服务。

(2)它能在你的商业环境中行得通。也就是说,市场能够提供适应创业者对创业机会进行开发,避免在创业中造成对各种资源与精力的浪费。

(3)它必须在机会之窗存在的期间被实施。创业机会具有时效性,它存在于一定的空间和时间范围内,随着市场及其他创业环境的变化,创业机会很可能消失和流失。

(4)创业者必须有资源(人、财、物、信息、时间)和技能才能创立业务。

二、创业机会的构成要素

创业机会是指有利于创业的一组条件的形成情况。这组条件至少包含如下因素:

(1)某个细分市场存在或新形成了某种持续性需求。

(2)拟创业者开发了或持有有助于满足前述市场需求的创意。

(3)创业者有能力、有资源,可实施所持有的创意。

(4)创业者将自己的创意转变为具体的产品或服务,不需要大规模的资金(所谓轻资产)和大的团队(所谓小团队)。

当这四个因素都得到满足之时,才可认为客观上存在或形成了某种创业机会。

知识点拨

不能简单地将商业机会等同于创业机会。如果这种商机是不可持续的,而是昙花一现的,则创业者还没有起步行动,这样的商机就可能已经消失了。针对特定的商机,创业者如果不能开发出可与之匹配的创意,这样的商机也不能被视为创业机会,因为既无创意,更何谈创业。

如果创业者能够开发出与特定市场需求相匹配的创意,但实施相应的创意需要较大规模的资金(所谓重资产)和团队(所谓大团队),则这样的商机也不能被视为创业机会。因为创业者起步之初,多数缺的是资金和众多的追随者。需要重资产、大团队的商机,只是规模达到一定阈值的企业的商机,创业者如硬要跟进这样的商机,多数会失败。所以,创业机会本质上是商机、创意、轻资产、小团队四种要素的有机结合。

三、创业机会的来源

创业机会无处不在、无时不在,而机会不会自己上门来找人,只有人去找机会。创业机会既可能是自然形成的,也可能需要创业者自己去创造,并且大多数是后一种情况。创业者要想赢得创业机会,那就需要搞清楚并关注创业机会的来源。创业机会主要来源于以下五个方面:

(1)问题。创业的根本目的是满足顾客需求。而顾客需求在没有满足前就是问题。寻找创业机会的一个重要途径是善于去发现和体会自己和他人在需求方面的问题或生活中的难处。例如,有一位大学毕业生发现远在郊区的师生往返市区交通十分不便,便创办了一家客运公司,这就是把问题转化为创业机会的成功案例。

(2)变化。创业的机会大都产生于不断变化的市场环境,环境变化了,市场需求、市场结构必然随之发生变化。著名管理大师彼得·德鲁克将创业者定义为那些能"寻找变化,并积极反应,把它当作机会充分利用起来的人"。这种变化主要来自于产业结构的变动、消费结构升级、城市化加速、人口思想观念的变化、政府政策的变化、人口结构的变化、居民收入水平的提高、全球化趋势等诸方面。例如,随着居民收入水平的提高,私人轿车的拥有量将不断增加,这就会派生出汽车销售、修理、配件、清洁、装潢、二手车交易、陪驾等诸多创业机会。

(3)创造发明。创造发明提供了新产品、新服务,更好地满足顾客需求,同时也带来了创业机会。例如,随着电脑的诞生,电脑维修、软件开发、电脑操作的培训、图文制作、信息服务、网上开店等创业机会随之而来,即使你不发明新的东西,你也能成为销售和推广新产品的人,从而给你带来商机。

(4)竞争。如果你能弥补竞争对手的缺陷和不足,这也将成为你的创业机会。例如,看看你周围的公司,你能比他们更快、更可靠、更便宜地提供产品或服务吗?你能做得更好吗?若能,你也许就找到了机会。

(5)新知识、新技术的产生。例如,随着健康知识的普及和技术的进步,围绕"水"就产生了许多创业机会,上海就有不少创业者加盟"都市清泉"而走上了创业之路。

 课堂阅读 3.1

发现自己身边的创业机会

经常听到一些想创业的朋友这样抱怨:"别人机遇好,我运气不好,没有机遇","我要是早几年做就好了,现在做什么都难了",这都是误解。其实机遇无处不在,就看你能不能识别它。

1. 不怕没机会,就怕没眼光

修自行车是一个不起眼的小生意,但下岗职工朱某却把它做成一个很好的创业项目。他下岗后立志创业,抓住上海高校后勤服务改革的机会,投资 2 000 元在复旦大学开了一个自行车维修点。第一个月就赚了 1 000 多元,后来他在创业导师的指导下尝试用"连锁经营"的方式拓展维修点,做大修车业务。后来,他在上海 12 所高校开设了自行车维修点,并先后开拓了绿地养护、无水洗车、物业保洁、汽车装潢等新的项目。不仅自己成功创业,还带出了 54 个"小老板"。

2. 用积极的心态去发现

牛仔裤的发明人是美国的李维·斯特劳斯,当初他跟着一大批人去西部淘金,途中一条大河拦住了去路,许多人感到愤怒,但他却认为"棒极了!"并设法租了一条船给想过河的人摆渡,结果赚了不少钱。不久摆渡的生意被人抢走了,他又认为:"棒极了!"因为工人采矿出汗很多,饮用水很紧张,于是别人采矿他卖水,又赚了不少钱。后来卖水的生意又被抢走了,他还认为:"棒极了!"因为采矿时工人跪在地上,裤子的膝盖部分特别容易磨破,而矿区里却有

【点评参考】

许多被人丢弃的帆布帐篷,他就把这些旧帐篷收集起来洗干净,做成裤子出售,"牛仔裤"就是这样诞生的。

（资料来源：百度快照,www.163164.com/gushi/c.2015.10.12,有改动）

3.2 创业机会的发现与识别

机遇总喜欢光顾有准备的人。机会识别是创业的开端,也是创业的前提。

一、发现创业机会的方法

发现创业机会不是一件容易的事情,但也非高不可攀的。发现创业机会的最根本一点是深入市场进行调研,养成市场调研的习惯,了解市场供求状况、变化的趋势,顾客的需求是否得到了满足,竞争对手的长处与不足等。同时,要多看、多听、多想,广泛获取信息,从而增强发现机会的可能性和概率,并重点在以下几方面开拓思路,挖掘创业机会。

（1）研究大家都在做什么,做什么最挣钱。看看市面上什么东西最畅销,什么生意最好做,你就迅速加入到这个行业中去。当然,别人做挣钱,并不见得你去做也挣钱,关键是掌握入门的要领。为此,不妨先向做得好的人学习,学习他们经营的长处,摸清一些做生意的门道,积累必要的经验与资金,体会他们经营的不足之处,在自己做的时候力争改进。

（2）研究自己家庭生活经常需要什么商品和服务。首先,研究自家里每天什么东西消费得最多,购买是否方便；其次,研究自家经常需要哪些服务,如家用设施维修、孩子上学吃饭问题、子女学习辅导、理发、洗澡等,这些问题在你居住的社区是否方便；再次,研究一下周围的居民小区及新建小区这些大众需求的方方面面……中国人口众多,普通老百姓衣食住行的日常需要是稳定而广阔的创业市场。

（3）研究当前及今后一段时间的社会热点、公众话题。例如,1985年,英国王子查尔斯准备在伦敦举行20世纪最豪华的婚礼消息一经透露,立即成为社会热点,糖果厂将王子、王妃的照片印在糖果纸和糖果盒上,纺织印染厂设计了有纪念图案的产品,食品厂生产了喜庆蛋糕与冰淇淋,除此之外还有纪念章等各类喜庆装饰品和纪念品,就连平常无人问津的简易望远镜,也在婚礼当天被围观的人群抢购一空,众多厂家为此大赚了一笔。

（4）研究社会难点,关注社会焦点。例如,20世纪80年代初期,外出办公、经商的人普遍感到住宿难、行路难、吃饭难,如今这"三难"已基本解决,而解决这"三难"的问题,就给许多人提供了创业的机会。旧的社会难点问题解决了,新的社会难点问题还会出现。又如,不少农村出现的卖粮难、城市国有企业困难、下岗职工就业难、居民住房难等难点问题,围绕着上述难点问题的解决,同样充满了各种商机。

（5）研究市场的地区性差异。例如,外地有些好的产品和服务项目,本地还没有销售或开展业务,或者本地一些好的产品和服务项目在外地还没有推广；在城市里过时的商品在农村不一定过时,也许刚刚开始消费；在发达地区过时的商品,也许在内地或边远地区依然畅销；在农村卖不出去的土特产品,也许在城市有广阔的市场。

（6）研究生活节奏变化而产生的市场需求。越来越多的人接受了"时间就是生命""时间就是金钱"的价值观念。快节奏的生活方式必然会产生新的市场需求,围绕着适应生活快节奏开展一些服务项目，如家务钟点工、维修工、物业管理服务、快递、送货服务等，都是可以开展的创业项目。

二、创业机会的识别和利用

创业机会的识别是创业领域的关键问题之一。从创业过程角度来说，它是创业的起点。创业过程就是围绕着机会进行识别、开发、利用的过程。识别正确的创业机会是创业者应当具备的重要技能。

1. 识别过程

在成功创业的路上，如何识别创业机会是创业者首先要解决的问题。好的创业机会，必然具有特定的市场定位，专注于满足顾客需求，同时能为顾客带来增值的效果。创业需要机会，机会要靠发现，创业者应识别以下创业机会：

（1）现有市场机会和潜在市场机会。现有市场机会是市场机会中那些明显未被满足的市场需求，往往发现者多，进入者也多，竞争势必激烈。潜在市场机会是那些隐藏在现有需求背后的、未被满足的市场需求，不易被发现，识别难度大，往往蕴藏着极大的商机。

（2）行业市场机会与边缘市场机会。行业市场机会是指在某一个行业内的市场机会，发现和识别的难度系数较小，但竞争激烈，成功的概率低。边缘市场机会是在不同行业之间的交叉结合部分出现的市场机会，处于行业与行业之间出现"夹缝"的真空地带，难以发现，需要有丰富的想象力和大胆的开拓精神，一旦开发，成功的概率也较高。

（3）目前市场机会与未来市场机会。目前市场机会是那些在目前环境变化中出现的机会；未来市场机会是通过市场研究和预测分析它将在未来某一时期内实现的市场机会。若创业者提前预测到某种机会会出现，就可以在这种市场机会到来前早做准备，从而获得领先优势。

（4）全面市场机会与局部市场机会。全面市场机会是指在大范围市场出现的未满足的需求，在大市场中寻找和发掘局部或细分市场机会，见缝插针，拾遗补阙，创业者就可以集中优势资源投入目标市场，这样有利于增强主动性，减少盲目性，增加成功的可能性；局部市场机会则是在一个局部范围或细分市场出现的未满足的需求。

2. 开发和利用过程

对创业者来说，在现有的市场中发现创业机会，是很自然和较经济的选择识别过程。现有的创业机会存在于不完全竞争下的市场空隙、规模经济下的市场空间、企业集群下的市场空缺等。

（1）不完全竞争下的市场空隙。不完全竞争理论或不完全市场理论认为，企业之间或者产业内部的不完全竞争状态，导致市场存在各种现实需求，大企业不可能完全满足市场需求，必然使中小企业具有市场生存空间。中小企业与大企业互补，满足市场上不同的需求。大中小企业在竞争中生存，市场对产品差异化的需求是大中小企业并存的理由，细分市场及系列化生产使得小企业的存在更有价值。

（2）规模经济下的市场空间。规模经济理论认为，无论任何行业都存在企业的最佳规模或者最适度规模的问题，超越这个规模，必然带来效率低下和管理成本的提升。产业不同，企业所需要的最经济、最优成本的规模也不同，企业从事的不同行业决定了企业的最佳规模，大小企业最终要适应这一规律，发展适合自身的产业。

（3）企业集群下的市场空缺。企业集群主要指地方企业集群，是一组在地理上靠近的相互联系的公司和关联的结构，它们同处在一个特定的产业领域，由于具有共性和互补性而联系在一起。集群内中小企业彼此间发展高效的竞争与合作关系，形成高度灵活专业化的生产协作网络，具有极强的内生发展动力，依靠不竭的创新能力保持地方产业的竞争优势。

 知识点拨

潜在的创业机会来自于新科技应用和人们需求的多样化等。成功的创业者能敏锐地感知社会大众的需求变化，并能够从中捕捉市场机会。

新科技的应用可能改变人们的工作和生活方式，出现新的市场机会。例如，通信技术的发展，使人们在家里办公成为可能；互联网的出现，改变了人们工作、生活、交友的方式；网络游戏的出现，使成千上万的人痴迷其中，乐此不疲；网上购物、网络教育的快速发展，使信息的获取和共享日益重要。

需求的多样化源自于人的本性，人类的欲望是很难得到满足的。在细分市场里，可以发掘尚未满足的潜在市场机会。一方面，根据消费潮流的变化，捕捉可能出现的市场机会；另一方面，根据消费者的心理，通过产品和服务的创新，引导需求并满足需求，从而创造一个全新的市场。

知识链接

衍生的市场机会来自哪里？

（1）经济活动的多样化为创业拓展了新途径。一方面，第三产业的发展为中小企业提供了非常多的成长点，现代社会人们对信息情报、咨询、文化教育、金融、服务、修理、运输、娱乐等行业提出了更多更高的需求，从而使社会经济活动中的第三产业日益发展。由于第三产业一般不需要大规模的设备投资，它的发展为中小企业的经营和发展提供了广阔的空间。另一方面，社会需求的易变性、高级化、多样化和个性化，使产品向优质化、多品种、小批量、更新快等方面发展，也有力地刺激了中小企业的发展。

（2）产业结构的调整与国企改革为创业提供了新契机。随着国企改革的推进，民营中小企业除了涉足制造业、商贸餐饮服务业、房地产等传统业务领域外，将逐步介入中介服务、生物医药、大型制造等有更多创业机会的领域。

3．把握创业时机

创业者不仅要善于发现与识别创业机会，更需要正确把握并果敢行动，将机会变成现实的结果，这样才有可能在最恰当的时候主动出击，获得成功。把握时机的方法有以下几种：

（1）着眼于问题把握机会。机会并不意味着无需代价就能获得，许多成功的企业都是从解决问题起步的。问题，就是现实与理想的差距。顾客需求在没有满足之前就是问题，而设法满足这一需求，就抓住了市场机会。

（2）利用变化把握机会。变化中常常蕴藏着无限商机，许多创业机会产生于不断变化的市场环境。环境变化将带来产业结构的调整、消费结构的升级、思想观念的转变、政府政策的变化、居民收入水平的提高。人们透过这些变化，就会发现新的机会。

（3）跟踪技术创新把握机会。世界产业发展的历史告诉我们，几乎每一个新兴产业的形成和发展，都是技术创新的结果。产业的变更或产品的更新换代，既满足了顾客需求，又带来了前所未有的创业机会。

（4）在市场夹缝中把握机会。创业机会存在于为顾客创造价值的产品或服务中，而顾客的需求是有差异的。创业者要善于找出顾客的特殊需要，盯住顾客的个性需要并认真研究其需求特征，这样就可能发现和把握商机。

（5）捕捉政策变化，把握机会。中国市场受政策影响很大，新政策出台往往引发新商机，如果创业者善于研究和利用政策，就能抓住商机站在潮头。

（6）弥补对手缺陷，把握机会。很多创业机会是缘于竞争对手的失误而"意外"获得的，如果能及时抓住竞争对手策略中的漏洞而大做文章，或者能比竞争对手更快、更可靠、更便宜地提供产品或服务，也许就找到了机会。

 课堂阅读 3.2

只有淡季的思想，没有淡季的市场

一般来说，每年的 6~8 月是洗衣机销售的淡季。没到这段时间，很多厂家就把促销员从商场里撤回去了。张瑞敏（海尔集团 CEO）纳闷儿：难道天气越热，出汗越多，老百姓越不洗衣裳？调查发现，不是老百姓不洗衣裳，而是在夏天 5 千克的洗衣机不实用，既浪费水又浪费电。于是，海尔的科研人员很快设计出一种洗衣量只有 1.5 千克的洗衣机——小小神童。小小神童洗衣机投产后首先在上海试销，结果，上海人马上认可了这种世界上最小的洗衣机。该产品在上海热销之后，很快又风靡全国。在不到两年的时间里，海尔的小小神童洗衣机在全国卖了 100 多万台，并出口到日本和韩国。

（资料来源：根据网络资料整理）

 ## 3.3 创业机会的评价

所有的创业行为都来自于创业机会，创业团队与投资者均对于创业前景寄予极高的期待，创业家更是对创业机会在未来所能带来的丰厚利润满怀信心。不过大家都知道，很多大学生的创业梦想最后都落空。事实上，新创企业获得高度成功的概率非常低。

成功与失败之间，除了不可控制的机遇因素之外，显然有许多创业机会在开始的时候，就已经注定未来可能失败的命运。创业本身是一种"做中学"的高风险行为，而且失败也可能是奠定下一次创业成功的基础，不过这些先天体质不良、市场进入时机不对，或者具有致命瑕疵的创业构想，如果创业者事前能对创业的机会进行评价，那么创业成功率也会大幅提升。

【知识拓展】

一、创业机会的评价准则

下面是针对创业机会的市场与效益面提出的评价准则,并说明了各准则因素的内涵,以便为大学生创业者提供评价时作决策参考。一般来说,创业机会评价准则有市场评价与效益评价两种。

1. 市场评价准则

(1)市场定位。评价创业机会的时候,可由市场定位是否明确、顾客需求分析是否清晰、顾客接触通道是否流畅、产品是否持续衍生等,来判断创业机会可能创造的市场价值。创业带给顾客的价值越高,创业成功的机会也越大。

(2)市场结构。对创业机会的市场结构进行五项分析——进入障碍、供货商、顾客、经销商的谈判力量、替代性产品的威胁和市场内部竞争的激烈程度,由此可知该企业在未来市场中的地位,以及可能遭遇竞争对手反击的程度。

(3)市场规模。市场规模大者,进入障碍相对较低,市场竞争激烈程度也会略为下降。若要进入的是一个十分成熟的市场,那么利润空间会很小,不值得再进入;若是一个成长中的市场,只要时机正确,必然会有获利的空间。

(4)市场渗透力。对于一个具有巨大市场潜力的创业机会,市场渗透力评价将会是非常重要的。应该知道选择在最佳的时机进入市场,也就是市场需求正要大幅增长之际。

(5)市场占有率。一般来说,要成为市场的领导者,最少需要拥有20%以上的市场占有率;只有低于5%的市场占有率,则这个新企业的市场竞争力必然不高,自然也会影响未来企业上市的价值。尤其是处在具有赢家通吃特点的高科技产业,新企业必须拥有成为市场领导者的能力,才比较有投资价值。

(6)产品的成本结构。从物料与人工成本所占比重之高低、变动成本与固定成本的比重,以及经济规模产量大小,可以判断企业创造附加价值的幅度及未来可能的获利空间。

2. 效益评价准则

一般来说,具有吸引力的创业机会,至少需要能够创造一定比例以上的税后净利;如果创业预期的税后净利是在一定比例之下,那么这就不是个很好的投资机会。

(1)达到损益平衡所需的时间。合理的损益平衡时间应该在两年之内达到,如果三年还达不到,恐怕就不是个值得投入的创业机会了。当然,有的创业机会确实需要经过比较长的耕耘时间,通过前期投入,创造进入障碍,保证后期的持续获利,这样的情况可将前期投入视为投资,才能容忍较长时间的损益平衡时间。

(2)投资回报率。考虑到创业面临的各种风险,合理的投资回报率应该在一定比例以上,而一定比例以下的投资回报率是不值得考虑的创业机会。

(3)资本需求。资本需求量较低的创业机会,一般会比较受投资者欢迎。资本额过高其实并不利于创业成功,甚至还会带来稀释投资回报率的负面效果。通常,知识越密集的创业机会,对资金的需求量越低,投资回报反而会越高。因此,在创业开始的时候,不要募集太多资金,最好通过盈余积累的方式来创造资金,而比较低的资本额,将有利于提高盈余,并且还可以进一步提升未来上涨的空间。

二、创业机会的评价方法

成功识别创业机会，对创业机会进行科学、理性、系统的评价是创业活动成功的起点和基础。创业导师如何评价创业者的项目选择方向是否正确、是否可行、有多大价值，是创业指导过程中经常遇到且专业的问题。

【知识链接】

蒂蒙斯创业机会评价体系，给我们提供了一套系统的评价框架和可量化的指标体系。这个工具可以帮助我们科学深入地评价创业项目的可行性及其价值性。

蒂蒙斯的创业机会评价框架，涉及行业和市场、经济因素、收获条件、竞争优势、管理团队、致命缺陷问题、个人标准、理想与现实的战略差异八个方面的53 项指标。通过定性或量化的方式，创业者可以利用这个体系模型对行业和市场问题、竞争优势、财务指标、管理团队和致命缺陷等做出判断，来评价一个创业项目或创业企业的投资价值和机会，见表3-1。

表 3-1　蒂蒙斯机会评价表

行业与市场	（1）市场容易识别，可以带来持续收入 （2）顾客可以接受产品或服务，愿意为此付费 （3）产品的附加价值高 （4）产品对市场的影响力高 （5）将要开发的产品生命长久 （6）项目所在的行业是新兴行业，竞争不完善 （7）市场规模大，销售潜力达到 1 000 万～10 亿元 （8）市场成长率在 30%～50%，甚至更高 （9）现有厂商的生产能力几乎完全饱和 （10）在五年内能占据市场的领导地位，达到 20%以上 （11）拥有低成本的供货商，具有成本优势
经济价值	（1）达到盈亏平衡点所需要的时间在 1.5 年以内 （2）盈亏平衡点不会逐渐提高 （3）投资回报率在 25%以上 （4）项目对资金的要求不是很大，能够获得融资 （5）销售额的年增长率高于 15% （6）有良好的现金流量，能占到销售额的 30%以上 （7）能获得持久的毛利，毛利率要达到 40%以上 （8）能获得持久的税后利润，税后利润率要超过 10% （9）资产集中程度低 （10）运营资金不多，需求量是逐渐增加的 （11）研究开发工作对资金的要求不高
收获条件	（1）项目带来的附加价值具有较高的战略意义 （2）存在现有的或可预料的退出方式 （3）资本市场环境有利，可以实现资本的流动

续表

竞争优势	（1）固定成本和可变成本低 （2）对成本、价格和销售的控制较高 （3）已经获得或可以获得对专利所有权的保护 （4）竞争对手尚未觉醒，竞争较弱 （5）拥有专利或具有某种独占性 （6）拥有发展良好的网络关系，容易获得合同 （7）拥有杰出的关键人员和管理团队
管理团队	（1）创业者团队是一个优秀管理者的组合 （2）行业和技术经验达到了本行业内的最高水平 （3）管理团队的正直廉洁程度能达到最高水平 （4）管理团队知道自己缺乏哪方面的知识
致命缺陷	不存在任何致命缺陷
创业家的个人标准	（1）个人目标与创业活动相符合 （2）创业家可以做到在有限的风险下实现成功 （3）创业家能接受薪水减少等损失 （4）创业家渴望进行创业这种生活方式，而不只是为了赚大钱 （5）创业家可以承受适当的风险 （6）创业家在压力下状态依然良好
理想与现实的战略性差异	（1）理想与现实情况相吻合 （2）管理团队已经是最好的 （3）在客户服务管理方面有很好的服务理念 （4）所创办的事业顺应时代潮流 （5）所采取的技术具有突破性，不存在许多替代品或竞争对手 （6）具备灵活的适应能力，能快速地进行取舍 （7）始终在寻找新的机会 （8）定价与市场领先者几乎持平 （9）能够获得销售渠道，或已经拥有现成的网络 （10）能够允许失败

知识链接

蒂蒙斯创业机会评价指标体系的适用面

蒂蒙斯的创业机会评价指标体系是到目前为止最全面的评价指标体系，其主要是基于风险投资商的风险投资标准建立的，这与创业者的标准还是存在一定的差异。这些评价标准经常被风险投资家使用，创业家可以通过关注这些问题而受益。该评价体系运用，要求使用者具备敏锐的创业嗅觉、清晰的商业认知、丰富的管理经验和系统的行业信息，要求比较高。创业导师自己使用一般问题不大，而如果直接给初次创业者或大学生创业者来做创业机会自评，效果不会太好。即使如此，这仍然不影响该评价体系作为创业者的项目选择与评价的参考标准。

知识点拨

一个好的商机必须是可实施的和可实现的,并要符合以下标准:
(1)真实的需求。即那些具有购买力和购买欲望的消费者有未被满足的需求。
(2)能够收回投资。即在承担风险和努力工作之后,可以带来回报和收益。
(3)具有竞争力。即消费者认为购买你的产品或服务比购买其他的产品或服务能获得更多的价值。
(4)可实现的目标。即能满足那些冒险的人和组织的愿望。
(5)有效的资源和技能。即在创业者所具备的资源、能力及法律等条件范围内。

创业指导

(1)创业机会的五大来源:技术革命、法律政策变化、社会和人口因素变化、市场需求条件、行业差异。

(2)创业机会的识别:创造性思维、有计划获取机会信息、创业机会的环境分析、财力分析、人力资源分析等。

(3)马云说:"创业的今天是黑暗的,明天也是黑暗的,但后天会很光明,很多人都会因为挺不下去而'死'在明天晚上。"

(4)选择好的创业项目能有效地减少投资的不确定因素。对于大学生的创业项目,无论规模大小都要认真投入,没有最好的,只有合适的。只要不怕吃苦,凭劳动和智慧在一个领域能立稳脚跟,小作坊也能干出大事业。

拓展与思考

网络精英张朝阳

1998年全球计算机数字化领域50名风云人物之一,留美博士生张朝阳(图3.1)成为引人注目的网络精英,也成为在中国高科技领域进行风险投资创业的第一人。

1986年,张朝阳考取李政道奖学金赴美留学。1993年,他获美国麻省理工学院物理学博士学位,同年任麻省理工学院亚太地区中国联络员负责人。1995年,他获得了世界材料学最佳研究生提名,所有人都以为他走定了材料学这条路。

图3.1 张朝阳

然而，美国随处可见的"硅谷"式创业激起了张朝阳的热情，他决定回国创业。1995年，他回国了，次年创建了爱特信公司。1998年2月，张朝阳正式推出了第一家全中文的网上搜索引擎——搜狐（图3.2），"搜狐"品牌由此诞生。之后，张朝阳的事业蒸蒸日上。2000年，公司正式在美国纳斯达克挂牌上市，从一个国内知名企业发展为一个国际品牌。同年，"搜狐"并购了中国最大的年轻人社区网站Chinaren，网络社区的规模性发展给门户加入了新的内涵，也使之成为中国最大的门户网站，奠定了业务迅速走上规模化的基础。2002年，"搜狐"率先打破中国互联网的僵局实现盈利，成为中国互联网发展进程中的一个里程碑，带动了中国概念股在纳斯达克的全面飘红。

图3.2 "搜狐"首页

目前，"搜狐"已经成为中国最依赖的新媒体、电子商务、通信及移动增值服务公司，是中文世界最强劲的互联网品牌，是中国网民上网冲浪的首选门户网站。

思 考 题

（1）为什么要对创业机会进行识别？
（2）创业者如何寻找创业机会？
（3）创业机会的评价准则有哪些？

创业实践活动 1

创业机会的评价

【活动目的】

运用蒂蒙斯创业机会评价体系的理论模型,对创业项目的投资价值和机会进行评价,培养和锻炼学生分析判断创业机会的能力。

【活动内容】

(1)每个班分为 8 个创业小组,以小组为单位,运用所学的创业机会的识别与评价的理论知识,选择一个适合自己创业项目。

(2)根据蒂蒙斯机会评价表,采用标准矩阵打分法与 Baty 选择因素法,分别对自己的创业项目进行打分。

(3)各小组派 3 位同学上台汇报交流,台下学生提问,小组成员回答,教师点评。

【评价方法】

1. 标准矩阵打分法

标准矩阵打分是指将创业机会评价体系的 53 个指标设定为三个打分标准——最好 3 分,好 2 分,一般 1 分,最终形成的打分矩阵表。创业小组每位同学在打分后进行加权平均,求出每个指标的加权评价分。如果其加权平均分越高,说明该创业机会越可能成功。一般来说,高于 100 分的创业机会可进一步规划,低于 100 分的创业机会,则需要考虑淘汰。

2. Baty 选择因素法

各创业小组按照蒂蒙斯创业机会评价体系的各项标准,看机会是否符合这些指标要求。如果统计符合指标数少于 30 个,说明项目创业机会存在很大问题与风险;如果统计结果高于 30 个,则说明该项目的创业机会比较有潜力,值得探索与尝试。同时需要注意一点,如果机会存在"致命缺陷",需要一票否决。致命缺陷通常是指法律法规禁止、需要的关键技术不具备、创业者不具备匹配该创业机会的基本资源等方面的系统风险。

【活动成果】

××项目创业机会"蒂蒙斯创业机会评价报告"。

【活动评价】

由学生代表组成创业机会评价评审小组,并对学生的实践成绩进行评价打分。评审小组评价成绩占 70%,教师评价成绩占 30%。

第 4 章

创业项目的选择

一个新事物，当只有5%的人理解时，谁去做谁就能成功；当有50%的人理解时，你只做个消费者就可以了；当有超过50%的人理解时，你想都不用想了。

——长江实业集团有限公司董事局主席　李嘉诚

【名人简介】

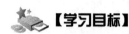【学习目标】

知 识 目 标	能 力 目 标
（1）了解创业项目选择的原则与步骤。 （2）理解创业项目的选择要素。 （3）掌握创业项目的选择方式	（1）能够进行创业项目的选择。 （2）掌握选择创业项目的技巧

【导入案例】

香薰洗鞋月入过万

李某在天津本科毕业，他与多数怀揣梦想的同学们一样，将人生的落脚点选在了大城市。从天津到杭州，再到青岛，他整天穿着职业装和皮鞋穿梭在各个知名企业中。"工资不高，压力极大，每天拖着疲惫的身体行走在大城市的灯火辉煌中，总感觉这样的城市不属于我，我也不属于这样的城市。"严重缺乏归属感让他对自己的人生开始了认真的思考。"之所以留在大城市继续那个看似体面实则痛苦的梦，就是因为自己放不下上过大学这个事实。"

一个偶然的机会，他发现擦鞋这个领域很有潜力。在进一步做了考察后，他发现了里面的商机。"现在的90后多数自理能力都很差，穿的高档鞋根本不会或没时间去打理，而且现在奢侈品的需求加大，许多高档鞋、包、衣服的后续保养都是个空白。"这个发现让他产生了回老家创业的冲动，并开始去一些擦鞋店考察，并四处偷师学艺。

2012年12月，他的"大学生香薰洗鞋店"在沈阳低调开张。近30平方米的小店，他既是擦鞋工又是老板，每天忙得团团转。最辛苦的一次，是除夕前的一天，他从5点起床擦鞋，一直干到24点。"在小店打烊的那一刻，我的身体累得像散了架，但望着地上那些已经光鲜亮丽的鞋，我的心里有了极大的满足感和成就感。"他之所以将"大学生"三个字加到店名中，就是想告诉所有顾客，他这个擦鞋工是个大学生，大学生没什么了不起，也可以为别人擦鞋。

刚开始，也有顾客好奇他的选择，觉得一个大学生当擦鞋工有些可惜。"大学毕业当擦鞋工，那上大学还有啥意义？"每到这时，他都会微微一笑："千万不要把大学生的身份看得如何高，其实这个身份什么都不是，可偏有人把它当成一件虚荣的外衣。我坚信只有放得下才能站得起，许多大学生埋怨工作不好找，其实就是这个身份把他们害了。"

（资料来源：东北新闻网，finance.ifeng.com/a/20，2013.5.28，有改动）

 ## 4.1 创业项目的选择内容

创业项目是指创业者选择的向消费者提供产品、服务并以营利为目的的经营项目。创业的项目有很多种，涉及人们的衣食住行等方面，也包括为满足消费者较高的生活品质需求而出现的所有企业经营项目。

一、选择创业项目的基本原则

创业项目多得数不过来，但是适合自己的并不多，也许只有一两个。要想选择适合自己的创业项目，创业者应该坚持以下四个基本原则。

1. 选项目首先选自己

选择创业项目是开创自觉的人生，标志着把握自己命运的自主意识的萌生，如图 4.1 所示。选择项目，是创造一个切入社会的端口，找到一个与社会结合的点。这就需要四个字"知己知彼"：知己，就是要清醒地审视自己，如自己的优势、强项、兴趣、知识积累与结构、性格与心理特征等；知彼，是对社会未来发展趋势的认识，稳定的、恒久的、潜在的社会需求。若创业者能够对潜在的趋势和需求有所敏感，就会比别人快上一拍半拍，当此种需求显露的时候，该创业者已经是有准备的人。

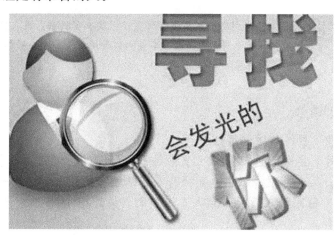

图 4.1 选择自己

2. 选项目要有特色

选择的项目一定要有"根"。"根"就是项目生命的根子、生存的权利、活下去的条件、站得住脚的基石，争夺市场份额的内生力量。"根"可以通俗地表示成四句话：别人没有的、先人发现的、与人不同的、强人之处的。譬如说，"别人没有的"，可以是某种资源与某种特定需要的联系，可以是某种公认资源的新商业价值。例如，一个走亲戚的人发现附近的山上有白色的土，可以用来制作陶器，他又进一步了解到附近有铁路，于是他买下这块下面有陶土的地进行开发。这就是选择"别人没有的"项目。再譬如说"强人之处的"，一个项目不论哪个方面，只要高人一筹、优人一档、强人一处，这就是"根"。

3. 选项目是"搞对象"

创业的感觉可以同初恋相比，选择项目的重要性可以同"搞对象"相比。任何项目的本身都有一个怀胎、孕育、出生、发育的过程，这是一个自然的过程；创业者对一个具体项目有一个认识、理解、通透、把握的过程，这是一个历史过程。由此决定了创业的过程是人与项目长期相互融和的过程，同时决定了选择项目必须立足长远。

知识点拨

发现潜在的需求，找到市场缝隙，使项目有附加值、有特色，那也是"万里长征"走完了第一步，今后的每一步都是人与项目的融合。这个融合是人与项目"生死相伴"，永远不会完结。

4．选项目要花工夫

既然选择项目事关人生，就不可随随便便，必须以慎重态度对待，要经过一个充分的论证过程。在这个过程中，要舍得花时间，用几个月甚至一年时间都是值得的；又要舍得花气力，严格地审视自己，慎重地判断社会走向，捕捉初露端倪的机会苗头。例如，曾当过一周时间的世界首富，他就是软银公司的孙正义。他大学毕业后奔走多个国家选出了50个创业项目，并用一年时间逐个进行考察，写出了几尺厚的资料。最后，他选择了软件项目。

知识点拨

大学生选择创业项目时，要能够静下心，认真调查研究，寻找事实根据。只有这样，才能使目标坚实可靠，至少是自己心里确信无疑。只有这样，创业者才会全力以赴地去干，在奋进的途中不犹豫、不徘徊、不动摇，不因挫折而心猿意马、改弦更张。

二、选择创业项目的步骤

大学生选择创业项目的步骤一般如下：

（1）排除一大片。创业者应知道什么事情是不可以做的。例如，有个地方有100户人家，每家有1元钱，某人有很大本事，把所有人家的所有的钱都赚来了——100元。还有个地方有100户人家，每家有1万元，某人本事不大，只能把1/10人家的10%的钱赚来——10 000元。

（2）划出一个圈。创业者应知道哪些事情是能长期做的，把社会、经济发展恒久需要的、已初露端倪的大趋势划进来。例如，由环境保护引发治理江河，导致中小造纸厂大量关闭，产生纸制品由此供求不平衡，腾出了一块市场。如果用再生纸做资源去填补，会怎么样呢？

（3）列出一个序。创业者应把可能做的项目排列起来，回头看看过去的20年中，做强、做久的企业是生存在哪些行业，这在很大程度上能够证实行业与发展的联系，如房地产、医药、保健品、证券、建材、装修、交通、教育、通信等。那么，再把大的范围圈定在这里，选出若干项。

（4）切入一个点。成就事业的公认法则是集中和持续在已经缩小的范围内，可做的事仍然很多。这时，比较优势的道理是有用的——认真地审视自己的强项、优势、兴趣，与他人比较哪个优势是最有利的。这时，机会成本的概念也是有用的——同样多的时间，比较同样的付出，哪个能力所对应的事业会有更大的前景收益，比较中优势会凸显出来。

项目选择固然重要，但创业者还需要记住，再好的项目也要靠创造性的艰苦努力，结果由过程决定，过程由细节决定。

知识点拨

大学生创业者是具有使命感的创业者，对目标群体负有高度的责任感，旨在创造社会价值而非个人的经济财富。对于创业者来说，财物收入是达到目标的手段，而非目标本身。大学生创业者在颠覆和拓展我们的价值体系，促使我们的世界变得更好。

图 4.2　大学生创业要有使命感

三、创业项目的类型

什么样的创业项目最好呢？适合自己的项目就是最好的。在投资创业初期，很多人由于不熟悉市场，往往是跟着感觉走，看到别人做什么生意赚了钱，就盲目仿效跟潮，也不考虑自身情况。这样，往往因为市场供过于求，或自身不适合做这项经营，结果血本无归。因此，在投资时要学会"钻空子"、找冷门，做到"人无我有，人有我优"；对新观点、新事物要保持灵敏的头脑；随身携带一本简单的笔记本，随时记下自己所发现的创业之道。如有时间加以整理，也许会发现将几个方法合在一起，便可得出一个有价值的方案，有助于迅速开始实施自己的创业计划。

对于手中既没有多少资金又无经营经验的大学生来说，不妨先从小生意做起。创业者具备了百折不挠的创业激情和实现自己人生价值的欲望后，选项目就是最大的工作了。项目一般根据功能可划分为贸易型、生产制造型和服务型创业项目等。

1. 选择贸易型创业项目

选择贸易型创业项目，首先考虑运作过程中的贸易往来需要占用大量的资金，而这部分资金变为商品后，不一定会在规律的时间内变现为流动的资金。

无论是连锁、加盟、代理，一定要弄清销售公司是自产自销型还是经销商、营销公司，即产品是公司自己开发生产的还是代理销售的，有什么证明材料等。创业者要确保待选产品是新产品，而不是过时、过季的或在某地早已出现过的滞销库存产品。加盟者要自主选货，而不是由盟主组合配货。创业者要保证引进产品在当地罕有销售，如果有售，应保证加盟方所享受的加盟价及代理价与周边市场上的雷同产品在价格上不相冲突。这一点非常关键，往往是导致许多加盟店经营失败的主要原因之一。单一种类产品应保证新奇性、独特性，多组合产品应保证都是新产品，而不是新旧搭配。创业者应保证后续和调换的是新货而不是普通大众货、过时货或库存积压货。

2. 选择生产制造型创业项目

生产制造型项目是指对制造资源（物料、能源、设备、工具、资金、技术、信息和人力等），按照市场要求，通过生产制造过程，转化为可供人们使用和利用的大型工具、工业品与生活消费产品的项目。

选择生产制造型创业项目时，技术真实性要得到保证，除书面材料、证书外，对技术指标所能达到的技术含量或达到的经济指标，以及对技术引进后的实际操作过程中的投资额度及难易程度，要使加盟方是否敢以合同形式保证达到广告所说相同。购买转让设备要弄清该设备是否属陈旧式或换代淘汰的产品，以保证机器的最新时效性。对设备转让方承诺的技术含量、日生产量等要明确得以保证；在进行技术引进、设备生产、合作加工，以及对机器设备引进生产过程中的投资额及操作易程难度也要保证。

3. 选择服务型创业项目

随着我国市场经济的不断成熟与发展，产业结构发生了巨大的变化，第三产业的比重越来越大，这就为服务型创业创造了更多机会。而随着经济的发展，人们的生活水平逐步提高，各种个性化的需求越来越多，特色服务每天都在增加，需求就是商机。

服务型创业项目不仅要求创业者具备一定的相关行业经验和服务性常识，而且特色服务最重要的就是目标要找准，找准了目标客户，要经过多方求证做出正确选择，还要有一定的经营、社会公关、交往能力才可以。

4.2 创业项目的选择方式

创业不是一件容易的事情，创业过程中的项目选择则更为不易。比尔·盖茨说："21世纪只有两种生意可以做，一种就是互联网生意，一种是不做生意。"所以，创业选择必须要符合时代趋势，选择自己感兴趣的行业，做自己最熟悉的行业，创业者才能积极投入自己的时间和精力，有信心地去着手每一项工作，创业成功的概率才会更大。

选择就不要放弃，路是一步一步走出来的。下面简单介绍几种大学生创业方式。

一、大学生创业方式

创业方式主要分为网络创业、加盟创业、兼职创业、大赛创业、概念或专利创业五种类型。

1. 网络创业

互联网改变了人们的生活，同时也给大学生提供了全新的创业方式。网络创业（图4.3）不同于传统创业，无须白手起家，而是利用现成的网络资源。目前网络创业主要有两种形式：一是网上开店，在网上注册成立网络商店；二是网上加盟，以某个电子商务网站门店的形式经营，利用母体网站的货源和销售渠道。

图 4.3 网络创业

网络创业的优势：门槛低、成本少、风险小、方式灵活，特别适合初涉商海的创业者。例如，易趣、阿里巴巴、淘宝等知名商务网站，有较完善的交易系统、交易规则、支付方式和成熟的客户群，每年还会投入大量的宣传费用。加盟这些网站，创业者可"近水楼台先得月"。而且网上创业已受到政府的重视，给予创业者诸多的优惠政策和措施。又如，上海现已在普陀、静安两区建立了电子商务创业园，为创业者提供优质的创业环境和服务。

知识点拨

初次尝试网上创业的大学生创业者应事先进行多方调研，选择既适合自己产品特点又具较高访问量的电子商务平台。一般来说，网上加盟的方式更为适合，能在投入较少的情况下开业，边熟悉游戏规则，边依托成熟的电子商务平台发展壮大。

2. 加盟创业

连锁加盟分享品牌"金矿"、分享经营诀窍、分享资源支持等诸多的优势，已成为备受创业者青睐的创业新方式。目前，连锁加盟有直营、委托加盟、特许加盟等形式，投资金额根据商品种类、店铺要求、技术设备的不同从几千元至百万元不等，可满足不同需求的大学生创业者。

加盟创业的优势：利益共享，风险共担。创业者只需支付一定的加盟费，就能借用加盟商的金字招牌，并利用现成的商品和市场资源，还能长期得到专业指导和配套服务，而不必摸着石头过河，创业风险也有所降低。

知识点拨

随着连锁加盟市场规模的不断扩大，鱼龙混杂现象日趋严重，一些不法者利用加盟圈钱的事件屡有曝光。因此，创业者在选择加盟项目（图 4.4）时要理性，不要被夸大的宣传所迷惑，而应事先进行充足的准备，包括收集资料、实地考察、分析市场等，并结合自身实际情况再做决定。

图 4.4　加盟创业

3. 兼职创业

例如,上海试行在职人员可向各类企业(外资企业除外)出资入股的政策后,个人创业又多了一种选择。特别对已经走上就业岗位的大学生来说,如果头脑活络,想"钱生钱"又不愿意放弃现有工作,兼职做老板应该是最佳选择了。

兼职创业的优势:对选择先就业的大学生来说,兼职创业(图 4.5)无须放弃本职工作,又能充分利用在工作中积累的商业资源和人脉关系创业,可实现鱼和熊掌兼得的梦想,而且进退自如,大大减少了创业风险。

图 4.5　兼职创业

知识点拨

兼职创业需要在主业和副业、工作和家庭等几条战线上同时作战，对创业者的精力、体力、能力、忍耐力都是极大的考验，因此要量力而行。此外，兼职创业族最好选择自己熟悉的领域，但要注意不能侵犯受雇企业的权益。

4．大赛创业

大学生创业大赛移植于美国的商业计划竞赛，此类竞赛旨在为参赛者展示项目、获得资金提供平台，因此被形象地称为创业"孵化器"，如 Yahoo！、Netscape 等企业都是从商业竞赛中脱颖而出的。从国内的情况看，创业大赛也扶持了一批大学生企业，如清华大学王科、邱虹云等组建的"视美乐"公司和上海交通大学罗水权、王虎等创建的"上海捷鹏"公司等。

大赛创业的优势：创业大赛不仅为大学生创业者闪亮登场提供了舞台，更重要的是提供了锻炼能力、转变观念的宝贵机会。对大学生来说，创业大赛是创业"试金石"，通过这个平台，可熟悉创业程序，储备创业知识，积累创业经验，接触和了解社会。

知识点拨

撰写创业计划书是创业大赛的核心部分，它决定着能否吸引投资商的兴趣。一份完善、科学、务实的计划书，就是大学生坚实的"创业基石"。但很多大学生的创业计划由于受到知识、经验的限制，存在对目标市场和竞争对手缺乏了解、分析时采用的数据经不起推敲等诸多问题。这些问题不解决好，大赛创业只能是"纸上谈兵"。

5．概念或专利创业

概念或专利创业，顾名思义就是凭借创意、点子、想法或发明专利创业（图 4.6）。当然，这些创业概念必须标新立异，至少在打算进入的行业或领域是个创举。只有这样，才能抢占市场先机，才能吸引风险投资商的眼球。同时，这些超常规的想法或专利还必须具有可操作性，而非天方夜谭。

图 4.6　专利创业

概念或专利创业的优势：具有点石成金的神奇作用，特别是本身没有很多资源的创业者，可通过独特的创意或发明专利获得各种资源,包括资金、人才等。

 知识点拨

创业需要创意,但创意不等同于创业。创业需要在创意的基础上,融合技术、资金、人才、市场经验、管理等各种因素,如果仅凭着点子贸然行动,基本上是行不通的。

二、创业项目的选择要素

对于创业项目的选择要素,大学生创业者应该从以下几个方面进行考虑:

(1)选择国家政策鼓励的、符合当地区域经济发展需要的行业。因为国家政策鼓励的行业在税收、用地、资金等各方面都有优惠,而且国家政策鼓励发展的,恰恰说明该行业具有良好的市场空间。例如,休闲农业,近年国家大力鼓励,还有补贴,而现在休闲农业、民宿等行业确实很乐观。这就要求创业者必须在进入某行业以前进行大量的市场调查,花点时间和精力是非常值得的,假如没有调查研究,贸然入行导致最后赔进去大量的积蓄那才是最痛苦的。

(2)创业开始的时候,应当选投资规模比较小的行业,等到资本积累到一定的程度再考虑扩大经营。想做某一行,再怎么看好也不能把所有的积蓄一下子完全投入进去,这就是风险防范意识的一点。因为一个项目再好,你来做赚不赚钱,还要由很多个人因素和外力因素决定。例如,创业者的性格、经营能力、社交能力、管理能力、亲和力、市场变化、政策变化都直接决定着创业者来做这个项目赚不赚钱。

(3)要选择资金回报率比较高的行业。资金回报率是任何一个创业者、经商者都不能忽视的一点,因为资本进入市场追逐的就是利润,追求的就是回报。基于这一点,大学生创业必须谨慎,要进行深入科学的分析。因为很多项目方为了一己私利,会把资金回报率很低的项目理想化,甚至夸大几十倍、几百倍。例如,网上有很多人吹嘘投资几万元,能做几十个亿的市场,一年能赚几个亿,可能吗?他不会自己做,他不会自己扩大规模做,他自己的行为就向你证明了项目的不可行性。倘真如此,早就有大量的风险投资公司介入,哪还轮得到普通创业者呢?

(4)选择市场前景比较好、具有高新技术的项目。也就是说,比较有远景,很长时间内产品不会被消费者抛弃、市场不会饱和、国家政策不会变动、具有良好的可持续成长的项目,产品具有一定的高新技术含量,就不容易被别人跟风。

如果选择的是技术门槛较低的行业,而且当地本来没这个行业,因为你做得很火,结果很快就会冒出很多家来,到头来先做者反倒成了抛砖引玉的引路人;如果选择的是技术门槛相对较高的行业,情况就完全不一样。

 课堂阅读 4.1

小本创业如何选择创业项目

小本创业,什么环节是最重要的?在创业以前,一定要做好风险预估,并想好、作好多种应对策略和预案(这就叫作风险预警机制),并且要做好失败的心理准备。有很多人仅仅因一次失败就一蹶不振。

选择项目一定要根据自己的资金实力来决定,有多大脚就穿多大鞋,千万不要好高骛远,不切实际。

经过周密调查和深思熟虑确实看好自己资金势力不够的项目，可以借助其他人的闲散资金入股。拉别人的资金入股，可千万别小气，一定要多给别人股份，最好能承诺万一亏本只亏你自己不亏别人，也就是说万一失败，别人投入的钱你要当债务来偿还他。要知道如果不是因为你别人是不用承担这种风险的，别人把钱投到你这里来就是为了在无风险的情况下尽量的下蛋。如果你能做到这两点，别人也很乐意把资金投到你这里，但是你最好给别人一个书面保证。

创业项目的选择的另一个要素，当你自己的资金或精力不够，确实需要他人合伙经营时，选择合伙人一定要慎重。要选那种有魄力、有度量、有能力、有诚信、有上进心的人。一旦选中人选，在经营过程中要做到民主、透明、同心，千万不能有私心，合伙经营只有推心置腹才能打造辉煌的事业，否则只会是分道扬镳或者陷入无休无止的纠纷。

（资料来源：根据网络资料整理）

4.3 创业项目的选择技巧

创业最关键就是选择对项目，有句话说得好，"选对行业赚大钱"。

一、选择适合自己发展和容易成功的项目

创业最难的环节是创业项目的选择，它是创业中最困难的、最关键的、最没规律可循的一个环节。如何选择到适合自己发展和容易成功的项目呢？

（1）因性格而异。"性格决定命运"，你的性格决定着你的未来。首先要先学会分析自己，总结自己的弱点和劣势，再发现自己的优点和优势。通常，急躁型性格的人适合做贸易型的项目，而温柔耐力型性格的人适合做生产型和服务型项目。

（2）因专长而异。你的专业、特长、才智、阅历是你选择项目的主要根据。你的专业和特长，是你选择新项目的根本，原则是"做熟不做生"，这有利于你一开始就进入娴熟的工作状态，使你的初始创业成功率高出很多。选择的项目与自己过去的从业经验、技能、特长和兴趣爱好越吻合，则越有内在和持久的动力，成功的可能性就越大。在行业景气时不要盲目跟风，进入热门生意的不见得人人赚钱，走点冷门可能反而好做，要记住"只有不景气的行业，没有不景气的企业"。

（3）因实力而异。实力就是指你的资源能力，主要包括资金规模、后续融资渠道等，它是决定初创企业规模和后续发展能力的重要支柱，是企业经营的主线。创业要"量入为出"，无论是生产型还是贸易型的项目，都存在在途产品，都要压很多不能直接变现的产品。

（4）因环境而异。这是决定项目成功与否的外在因素，就是所谓的"地利"，主要包括政策优惠与否、场所的好坏、人际关系的优劣等，是创业者成功创业重要的外在条件。优惠的税收政策，使创业者减少了创业成本。适合的场所使创业者如鱼得水，满足生产所需，或人气大增。优良的人脉关系，使创业者的创业左右逢源。

知识点拨

创业项目的选择不仅需要有原则，信息的理性筛选也非常重要。创业项目信息扑面而来的时候，不要任何一个项目都舍不得丢弃，主要根据项目是否符合个人兴趣、投资额、投资回报水平、行业前景与市场

潜力大小、经营场所要求、市场准入、需要的员工技能、需要的人际关系资源、上下游业务渠道控制能力等确定。

二、判断选择的项目是否适合自己

不同的人有不同的条件，因此，要根据创业者自身的各种特性来分析是否应该踏上创业的路，判断选择的项目是否适合自己。

（1）判断进入的产业。创业者进入的产业应当是已经处于上升期，但还没完全达到大规模发展阶段；处于下降期的产业说明进入企业已经太多，竞争激烈，几乎都是以规模效应来竞争的环境了。创业者应当选择自己具有优势的领域进入，如有现成客户、拥有技术等。

（2）创业资金。每个领域需要的资金投入都各不相同，但是如果你是白手起家，又无任何足以打动风险投资人的项目的话，那么最好不要选择创业，"空手套白狼"是很难创业成功的。

（3）投资人的选择。别人给你投资都是有代价的，其目的是从你身上赚到更多的钱，而创业者也该选择对自己最有利的投资人。选择投资人的原则是互补。投资人不仅要能给你钱，还要能够给你的企业带来更多的品牌提升、更多的业务、更好的管理，这样才有利于你的创业。创业者自己可能不具备所有资源，所以需要合作者来弥补。初创公司在员工的选择上其实与合作者是很相似的。

知识点拨

若打算从事投资生产某行业产品时，就应该对该行业产品的原料进货渠道、市场行情、品质及产品的销售渠道等有全面的透彻调研分析，多调查竞争对手的相关情况再明确自身的行业目标，并付诸实施。

三、研究市场动向

能够自己去识别和选择创业机会，根据自己的具体情况找到适合的创业方向，明确了想做什么和能做什么以后……这还不够，创业者还要研究市场。市场需求是客观的，你能够做到的是主观的，主观只有和客观一致起来，才能变成现实，才能实现效益。因此，创业者要竭尽所能，研究市场，捕捉信息，把握商机。机会从来都是垂青有心人的，做一个有心人，你就会发现处处有市场，遍地是黄金，你还会发现你所拥有的各种资源的最佳用处。所以，还应该做以下的工作，为更好的创业做铺垫。

（1）研究大家都在做什么，做什么最挣钱。创业者不妨先做"小工"向做得好的人虚心学习，学习他们经营的长处，摸清一些做生意的门道，积累必要的经验与资金；学习此行业的知识和技能，体会他们经营的不足之处，在你做的时候力争改进；研究自己家庭生活经常需要什么商品和服务。研究大众需求从你自己的家庭需要开始，首先研究自己家里每天什么东西消费得最多，因为普通老百姓衣食住行的日常需要是创业者稳定而广阔的市场。

（2）研究当前及今后一段时间的社会热点、公众话题。对精明的人来说，热点就是商机，就是挣钱的项目和题材。抓住热点，掌握题材，独具匠心就能挣钱。同时，注意潜在热点的预测和发现，在热点没有完全热起来之前，就有所发现，有所准备，在别人没有发现商机时，你能发现商机，就会更胜一筹。只要用心看，就会发现我们身边有这样那样的难点，看看我们能做什么来解决这些"麻烦",这就是个商机。

(3)研究生活节奏变化而产生的市场需求。现代生活节奏越来越快,越来越多的人接受了"时间就是生命""时间就是金钱"的价值观念。快节奏的生活方式必然会产生新的市场需求,用金钱"购买"时间是现代都市人时髦选择。精明的生意人就会看到这一点,做起了各种各样适应人们快节奏生活需求的生意。

 课堂阅读 4.2

大学生创业卖手抓饼

重庆北城天街小吃街有一家不到 10 平方米的手抓饼小店,这家店铺的老板竟是一位刚刚毕业的"90 后"大学生禹某。他在大三时就当上手抓饼店小老板,在两年时间里发展了 4 家直营店、1 个加工厂和 8 家加盟店,年收入达 250 万元。

每天下午 16:00,在重庆北城天街小吃街手抓饼店门口,就已经有五六个白领在排队。放面团、煎鸡蛋、配作料……3 分钟后,两个手抓饼新鲜出炉递给了前面的顾客。和传统烙饼不太一样,这个饼千层百叠,面丝千连,外层是淡淡的金黄色,内层柔软白嫩。这样一个小店铺每天能卖 400 个饼。

店铺周围每天都有许多人包围着店,为什么还有顾客加入呢?"这五六个客人是活招牌。顾客也许不知道我们,但看着这人气,就会吸引他们来尝鲜。"小吃店的秘籍就是要保持人气旺,排队人越多生意越好。

"以前我们追求速度,人多了就一次出 6 个饼。"禹某说,在 2011 年做第一家店时这个快捷的方式并没有赢得顾客青睐。他特意跑到成都小吃街去考察,发现类似的小吃店老板总是保持慢工出细活的状态,即便店外已经排起长龙,也不慌。而前来的顾客络绎不绝,等待着他们的美食。

他回到重庆,开始要求师傅一次只做 2 个饼,甚至有时候做 1 个饼。这个营销方式反响很好,饼保持最好的口感,排队的客人反而更多了,每天平均能卖 400 个饼。

他的北城店虽然租金掏了 1.3 万元,但是却成了店里的活招牌。北城店现在每月能卖 1.5 万个饼,凭借这样的人气,他在月初迎来了 3 位新的加盟商。从 5 个加盟商情况来看,基本 4 个月就能盈利。加盟费收 1 万元,门店 3~10 平方米即可,租金价格通常在 3 000 元左右,扣掉原料、房租、水电煤及人工费用,按每家店最差卖 300 个饼算,一个月的纯利润平均为 8 000 元。

一开始,他想做连锁直营模式,但当他们拥有第三家直营店时,开始打磨品牌。想要与大品牌竞争打开这个细分市场领域,必须吸引加盟商。"每卖一个面团给加盟商,他们赚 8 毛,我们只赚 5 毛,薄利多销。"他说,按 10 个月算,5 家加盟店每天至少购买 2 500 个面团,一年仅靠卖面团营业额能达到 100 万元。

(资料来源:http://www.studentboss.cn/infomap/queryDetail.do?ciid=
f47f08864fde36a301504f34b5d13e75.,有改动)

【点评参考】

创 业 指 导

(1)创业项目选择的四个基本原则:选项目首先选自己、选项目要有特色、选项是"搞对象"、选项要花工夫。

（2）创业选择必须要符合时代趋势，选择自己感兴趣的行业，做自己最熟悉的行业，创业者才能积极投入自己的时间和精力，有信心地去着手每一项工作，创业成功的概率才会更大。对于手中既没有多少资金又无经营经验的大学生来说，不妨先从小生意做起。

（3）创业最关键的就是选择对项目，有句话叫"选对行业赚大钱"。

（4）选择创业项目的技巧：选择适合自己发展和容易成功的项目、判断选择的项目是否适合自己、研究市场动向。

拓展与思考

选择创业项目的经验

创业者在选择创业项目时不应盲目跟从他人，而应根据自身的实际情况来选择创业项目。事实上，有些创业者，通常对一些小本经营缺乏实干经验；也有些创业者，通常对小本经营略有经验但缺乏资金。因此，这两类人通常可以合作。一般来说，有闲资而缺乏对创业专门行业认识的人，比有一技之长、有创业意念却苦无资金创业的人多，因为后者可选择由小做起，而前者可能苦无门路，永远无法开展个人事业。

真正想创业，又希望比较有把握的话，一定要对某一行业越熟越好，不要光凭想象、冲劲、理念做事。若真立志投身一项事业，不妨应聘在该行业做一年半载，摸清摸熟行径再开业也不迟。当然，需要创业者注意的是，不是每一行业都可小本创业，也不是每一种行业现在都正是创业的时机。若创业者的准备工作做得充足，信心、冲劲自然较高；反之，则容易泄气。

 知识链接

创业择业技巧的五大经验

经验一：女人生意比男人生意更具优势。调查表明，社会购买力的 70%以上是掌握在女人手里，女人不但掌握着大部分中国家庭的财政大权，而且相当部分商品是由女人直接消费的。

经验二：专业比多元更具优势。品种丰富，大众买卖，这是一般投资者的思维定势。专业化生产及流通容易形成技术优势和批量经营优势，如近年闻名遐迩的温州小商品市场、义乌服装市场等，无不红红火火。

经验三：做熟比做生更具优势。俗话说"隔行如隔山"，投资自己一无所知的行业，需要特别慎重。选择自己熟悉的行业，就能拥有更多的信息，知道为什么商品有市场、有前途，知道不同产品的优劣及消费者的要求，知道市场发展的方向，就能够做出正确的判断与决策。

经验四：轻工业生意比重工业生意更优势。重工业是国民经济发展的基石，轻工业却是发展的龙头。重工业投资周期长、耗资多、回收慢，一般不是民投资本角逐的领域。无论是生产加工还是流通贸易，经营轻工产品尤其是消费品，风险小、投资强度、难度小，容易在短期内见效，因此特别适合民间资本。

经验五：食品比用品更具优势。"民以食为天"，食品市场是一个十分庞大而持久不衰的热点，而且政府除了技术监督、卫生管理外，对食品业的规模、品种、布局、结构一般不予干涉。食品业投资可大可小，切入容易，选择余地大。

思 考 题

（1）创业项目的类型有哪些？
（2）在创业项目选择要素中，谈谈你关于高新技术项目的看法。
（3）如果自己创业，你将选择怎样的创业方式？

创业实践活动 2

选择创业项目

【活动目的】
通过开展创业项目选择活动，使学生掌握选择创业项目的步骤与方法。
【活动内容】
以创业小组为单位，运用所学的创业项目选择的知识，初步确定一个创业项目。
【活动步骤与方法】
(1) 选择创业项目。选择自己感兴趣的、擅长的、熟悉的、拥有人脉资源的、具有市场前景的项目。
(2) 选择初创模式。选择个人创办、合伙创办、加盟特许、网络创业或者其他创业模式。
(3) 信息收集。制订收集计划、准备收集工具（智能手机、相关表格、调查问卷表等）。
(4) 开展市场调研。调查消费者情况、调查同类企业情况，绘制商业地图。
(5) 调研方法。可以选择实地调研法、访谈法、问卷调查法、文献收集法、召开座谈会等几种方法结合，开展调研。
(6) 经过资料处理与数据分析，初步确定创业项目。
【活动成果】
制作××创业项目分析报告。
【活动评价】
由各创业小组相互评价打分，每个小组必须提出 3 条以上评价意见。小组评价成绩占 50%，教师评价成绩占 50%。

第 5 章

创业团队的组建

与拥有 B 等管理团队和 A 等创业思路的企业相比，我更喜欢拥有 A 等管理团队和 B 等创业思路的企业。

——美国风险投资家　约翰·杜尔

【名人简介】

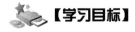
【学习目标】

知 识 目 标	能 力 目 标
（1）了解创业团队对于创业成功的重要性。 （2）掌握组建创业团队的关键要素及方式方法	结合创业项目，学习如何组建一支创业团队

【导入案例】

高效管理的西游团队

《西游记》中的唐僧团队（图5.1）虽然是虚拟的，但是师徒历经百险求取真经的故事，不仅家喻户晓，而且是中国文化的集中代表。

图5.1 唐僧团队（《西游记》剧照）

这个团队最大的好处就是互补性，领导有权威、有目标，但能力差点；员工有能力，但自我约束力差，目标不够明确，有时还会开小差。但是总的来看，这个团队是个非常成功的团队，虽然历经九九八十一磨难，但最后修成了正果。

唐僧是一个目标坚定、品德高尚的人，他受唐王之命，去西天求取真经，以普度众生、广播善缘。要说降妖伏魔的本领，他连最差的白龙马都不如，为什么他能够担任西天取经如此大任的团队领导？关键在于唐僧有三大领导素质。

（1）目标明确、善定愿景。作为一个团队领导，能够为团队设定前进目标，描绘未来美好生活是必要素质。领导如果不会制定目标，肯定是个糟糕的领导。唐僧从一开始，就为这个团队设定了西天取经的目标，而且历经磨难，从不动摇。一个企业，也应选择这样的人做领导，团队的领导本身就是企业文化的传承者和传播者，只有他自己坚定不移地信奉公司的文化，以身作则，才能更好地实现团队的目标。

（2）手握紧箍，以权制人。如果唐僧没有紧箍咒，估计早被孙悟空一棒打死，或者使唤不动他。这也是一个领导的必备技能，一定要树立自己的权威，没有权威，也就无法成为领导。但是唐僧从来不滥用自己的权力，只有在大是大非的时候，才动用自己的惩罚权，这对企业领导也是有借鉴意义的。组织赋予的惩罚权千万不要滥用，奖励胜于惩罚，这是领导艺术的基本原理。

（3）以情感人，以德化人。最初的时候，孙悟空并不尊重唐僧，老觉得这个师傅肉眼凡胎、不识好歹，但是在历经艰险后，唐僧的执着、善良和对自己的关心也感化了孙悟空，让他死心塌地保护唐僧。作为一个团队领导,情感管理也是非常重要的,尤其在中国文化的大背景下。中国人往往是做生意先交朋友,先认可人,再认可事,对事情的判断主观性比较大。所以在塑造团队精神的时候,领导一定要学会进行情感投资,要多与下属交流、沟通,关心团队成员的衣食住行,塑造一种家庭的氛围。

孙悟空可称得上是老板最喜欢的职业经理人,之所以说老板最喜欢,不是因为孙悟空没缺点、很优秀,而是因为他能力很强,但有缺点。这才是老板最应该用的人才,为什么?假设一个人能力很强,人缘很好,理想又很远大,这样的人往往不甘人下,或者直逼领导位子,或者很容易另起炉灶。

孙悟空有个性、有想法、执行力很强,也很敬业、重感情,懂得知恩图报,是个非常优秀的人才。但这样的人才如何才能留住他,如何提升他的忠诚度,这要靠领导艺术,靠企业的文化。

唐僧用什么方法让孙悟空这么死心塌地?

(1)得有规矩,得有紧箍咒。规矩是权威,唐僧如果没有了权威,估计孙悟空早不把他放到眼里了。企业的制度也要有权威,制度的执行一定要严格,不管刚开始推行的时候有多少阻力,但只要坚决执行下去,逐渐就会形成一种氛围与文化,让大家自觉地去遵守。

(2)但制度的力量是有限的,制度只能让员工不犯错,但要让员工有凝聚力,与企业同心同德,还要靠情感。唐僧就是靠他的情感管理,用他的执着和人品感化了孙悟空。

(3)没有修成正果的目标和愿景,孙悟空也许中途就回去了;没有师徒的情分,估计孙悟空也不会这么卖命;当然,如果没有偶尔的紧箍咒,也许悟空早酿大错。

(资料来源:春芝堂财富,www.czt86.com/news,2014.12.8,有改动)

5.1 创业团队的内涵

创业团队并非一般意义上的群体。创业团队中的成员所做的贡献是互补的,而群体中成员之间的工作在很大程度上是互换的,由于团队中工作的互补性,使得不同团队成员之间的优势资源和能力得到成分发挥,合作无间,真正实现"1+1>2"的合作效能。

团队的成员对是否完成团队目标一起承担失败责任并同时承担个人责任,团队目标的实现需要团队成员见彼此协调和相互依存。创业团队是有着共同目标、共享创业收益、共担创业风险的一群创建新企业的人。

【相关视频】

 知识点拨

一个优秀的创业团队,是企业不竭生命力的来源,是新企业生存和发展的核心。新企业的运作,追根究底是人的运作,是创业团队的成员的运作。创业团队组织新企业运作经营,整合新企业资源,带领着新企业不断向目标迈进。无论是初始资本的积累、新企业雇员招募,还是新企业的运营管理,都是创业团队在发挥作用。所以,创业团队的创建、创业团队的合作水平及创业团队成员的素质是新企业获取资源、高效维持新企业运作的关键因素。

一、创业团队概述

1. 创业团队的含义

创业团队是指由两个或两个以上具有一定利益关系的,彼此间通过分享认知和合作行动以共同承担创建新企业责任的,处在新创企业高层主管位置的人共同组建形成的有效工作群体。

狭义的创业团队是指有着共同目的、共享创业收益、共担创业风险的一群创建新企业的人;广义的创业团队则不仅包括狭义创业团队,还包括与创业过程有关的各种利益相关者,如风险投资家、专家顾问等。

2. 创业团队的特征

一个处于良性运转的高绩效团队必然具备一些显著的特征,而正是由于有了这些特征,一个群体组织才能称之为创业团队或高绩效团队。创业团队的特征有以下几点:

(1)目标清晰。创业团队对于要达到的目标有清楚的了解,并坚信这一目标包含着重大的意义和价值。而且,这种目标的重要性还激励着团队成员把个人目标升华到团队目标中去。

(2)技能互补。创业团队是由一群有能力的人组成的。他们具备实现理想目标所必需的技术和能力,而且相互之间有良好合作的个性品质,从而能够出色地完成任务。

(3)沟通良好。成员之间通过畅通的渠道交换信息,相互之间能迅速、准确地了解一致的想法和情感。管理层与团队成员之间通过健康的信息反馈,也有助于管理者指导团队成员行动,消除误解。

(4)承诺一致。团队成员对群体具有认同感,把自己属于该群体的身份看作自我的一个实现。承诺一致的表现是对团队目标的奉献精神,愿意为实现目标而调动和发挥自己的最大潜能。

(5)恰当领导。创业团队领导者往往担任的是教练和后盾的角色,他们对团队成员提供指导和支持,但并不试图去控制成员;他们鼓舞团队成员的自信心,帮助他们更充分地了解自己的潜能。

(6)相互信任。团队成员之间相互作用、直接接触,彼此相互影响,形成一种默契、关心和信赖;不论何时,不论需要怎样的支持,成员之间都相互给予,彼此协作,共同完成团队的目标。

知识点拨

建立和维护创业团队成员之间的信任,一是要增强信任,二是要防止出现不信任,避免信任转变为不信任。信任是一种非常脆弱的心理状态,一旦产生裂痕就很难缝合,要消除不信任及其带来的影响往往要付出巨大的代价,所以防止不信任比增强信任更加重要。

创业团队也并非一蹴而就的,往往是在新企业发展过程中才逐渐孕育形成完美组合的创业团队。在这一过程中,创业成员也可能因为理念不合等原因,在创业过程中不断替换。据统计,在美国创业团队成员的分手率要高于离婚率,由此可见团队组成的不易。虽然有诸多不易,但团队组成与团队运作水平对创业集资与创业成败都具有关键影响力,因此,创业者必须重视如何发展创业团队的问题,并培养自己在这一方面的能力。

二、创业团队的组成要素

俗话说"一个好汉三个帮",一群人同心协力,集合各自的优势共同创业,其产生的群体智慧和能量,将远远大于个体。在共同创业的过程中,创业团队(图5.2)是关键,直接影响到创业是否成功。

图 5.2　和谐的创业团队

创建团队时,最重要的是考虑成员之间的知识、资源、能力或技术上的互补,充分发挥个人的知识和经验优势,这种互补将有助于强化团队成员间彼此的合作。因此,创业团队需具备5个重要的团队组成要素——目标(Purpose)、人(People)、定位(Place)、权限(Power)和计划(Plan),称为"5P"。

1. 目标

创业团队应该有一个既定的共同目标为团队成员导航,使成员知道要向何处去。没有目标创业团队就没有存在的价值。目标在创业企业的管理中以创业企业的远景、战略的形式体现。

2. 人

人是构成创业团队最核心的力量。三个及三个以上的人就形成一个群体,当群体有共同奋斗的目标就形成了团队。在一个创业团队中,人力资源是所有创业资源中最活跃、最重要的资源。应充分调动创业者的各种资源和能力,将人力资源进一步转化为人力资本。

目标是通过人员来实现的,所以人员的选择是创业团队中非常重要的一个部分。在一个团队中可能需要有人出主意,有人制订计划,有人实施,有人协调不同的人一起去工作,还有人去监督创业团队工作的进展、评价创业团队最终的贡献,不同的人通过分工来共同完成创业团队的目标。在人员选择方面要考虑人员的能力如何、技能是否互补、人员的经验如何等。

3. 定位

创业团队的定位包含两层含义：一是创业团队的定位，如创业团队在企业中处于什么位置，由谁选择和决定团队的成员，创业团队最终应对谁负责，创业团队采取什么方式激励下属。二是个体（创业者）的定位，如作为成员在创业团队中扮演什么角色，是制订计划还是具体实施或评估；是大家共同出资，委派某个人参与管理，还是大家共同出资，共同参与管理，或是共同出资，聘请第三方（职业经理人）管理。这体现在创业实体的组织形式上，是合伙企业或是公司制企业。

4. 权限

创业团队当中领导人的权限大小与其团队的发展阶段和创业实体所在行业相关。一般来说，创业团队越成熟，领导者所拥有的权限相应越小，在创业团队发展的初期阶段领导权相对比较集中。例如，高科技实体多数是实行民主的管理方式。

5. 计划

计划的两层含义：一是目标最终的实现，需要一系列具体的行动方案，可以把计划理解成达到目标的具体工作程序；二是按计划进行可以保证创业团队的顺利发展。只有在计划的操作下创业团队才会一步一步地贴近目标，从而最终实现目标。

 知识点拨

创业之初，创业者往往会面临很多困难，团队的建设并不像想象中的那样简单，这需要创业者有心理准备。有时创业过程会与团队组建一起完成，由于创业活动的特殊性，创业团队不必具备"5P"每一个因素。随着企业发展逐步成熟，团队建设也应该逐步完善，创业者应当时刻记得一句俗语——"三个臭皮匠，顶个诸葛亮"，这正说明了创业团队在创业过程中的重要性。

三、创业团队的作用

现代企业需要的是，少走从前的弯路，而从一开始就走规范化管理道路，因此，创业者在注册公司时就应该组建创业团队。一个好的创业团队对新创科技型企业的成功起着举足轻重的作用。新型风险企业的发展潜力（及其打破创始人的自有资源限制、从私人投资者和风险资本支持手中吸引资本的能力）与企业管理团队的素质之间有着十分紧密的联系。一个喜欢独立奋斗的创业者固然可以谋生，然而一个团队的营造者却能够创建出一个组织或一个公司，而且是一个能够创造重要价值并有收益选择权的公司。创业团队的凝聚力、合作精神、立足长远目标的敬业精神会帮助新创企业渡过危难时刻，加快成长步伐。另外，团队成员之间的互补、协调，以及与创业者之间的补充和平衡，对新创科技型企业起到了降低管理风险、提高管理水平的作用。

【知识拓展】

 **知识链接**

创业团队对企业影响大

在一项针对 104 家高科技企业的研究报告指出,在年销售额达到 500 万美元以上的高成长企业中,有 83.3%是以团队形式建立的;而在另外 73 家停业的企业中,仅有 53.8%有数位创始人。这一模式在一项研究中表现得更为明显:100 家创立时间较短、销售额高于平均数几倍的企业中 70%有多位创始人。

对新创技术型公司的创业团队研究表明,创业是一个包含众多人的组织形成过程,特别是这个过程更为复杂的技术型公司要求输入更多的能力。该研究还揭示了团队成员在创业过程的不同阶段个人经历、能力和资源控制水平对新企业死亡率的影响。该研究认为,创业团队的素质能提高新创企业的生存状况;创业团队对技术型公司企业的生影响最大的并不是团队本身的大小,而是团队成员的经历。

 课堂阅读 5.1

一个好的团队需要这 6 种人

世界上没有两个人是完全相同的,但是我们期待每个人工作时,都拥有许多同样的特质。家庭需要伦理、学校需要纪律、企业需要规章、社会需要秩序。几乎没有什么不可思议的产品是一个人就能完成的。你需要其他人来帮助你,你也需要去帮助别人。在一个好的团队中,都需要哪种类型的人进驻?

1. "怂恿者"

怂恿者,是那种会推动你,让你思考的人。他会一直地让你有动力早起做事,尝试并将事情变为可能。你会希望这个人充满活力并保持热情。这是灵感之声。

2. 支持者

他是一个大粉丝,一个强有力的支持者,并且还是一个为你和你的工作进行狂热传播的人。让他得到奖励,持续让他们参与。这是动力之声。

3. 怀疑者

他是魔鬼的代言人,常常会指出一些尖锐的问题,还能提前发现问题。你会需要他的这种态度,因为他们常常能看到你角度以外的事,并希望你的成功会与安全同行。这是理智之声。

4. 严厉者

他是让你把事情做好的爱找茬的"大声公",也是冲动的管家,他会确保团队目标在截止日期前完成目标。这是前进之声。

5. 联结者

他会帮助你找到新的途径和新的盟友。这个人打破路障并为你找到"魔法"实现的方法。你需要他帮你接近你所不能接近的人和地方。这是合作之声。

6. 标杆

他是你可信赖的顾问,你的北极星,也是你想要赶超的那个人。他是你的指导单位,是作为时刻提醒你,你也可以做神奇事情的存在。你需要让他感到骄傲。这是权威之声。

(资料来源:壹心理,www.xinli001.com,2015.12.26,有改动)

5.2 创业团队的组建

创业团队的组建方式多种多样：有些团队的组建是由于地缘、共同兴趣或在一起工作的原因，共同的兴趣可能只是团队成员想要开办一个企业，或者是一个对市场需求做出反应的创意，成员们都相信这个创意；还有些团队的组建是由于过去的友谊，如室友或同学之间的友谊常常产生一个合伙企业；等等。

通常情况下，创业团队的组建过程有两种典型方式：一种是一个人有了一个创意，或只是想创办一个企业，然后几个熟人在接下来的企业形成过程中加入进来；另一种是一个完整的团队基于一个共同的创意、一种友谊、一段经历等类因素，从创业过程一开始就形成。

一、创业团队的组建原则

组建创业团队没有任何神奇的公式，能否搭建起来，关键要看是否合适。团队是人力资源管理的核心，而人力资源是企业的根本，一个企业要是不能拥有自己优势的核心人力资源，其成功率几乎为"零"。因此，组建一个合适的、具有战斗力的创业团队是大学生创业的当务之急。

1. 目标明确原则

创业团队的创业目标必须明确，这样才能使团队成员清楚地认识到共同的奋斗方向是什么。与此同时，目标也必须是合理的、切实可行的，这样才能真正达到激励的目的。

 知识点拨

一个创业团队如果没有一个明确的创业目标，"脚踩西瓜皮，滑到哪里算哪里"，那注定是要失败的。

2. 合伙人原则

一般企业都是招员工，而员工都是在做"工作"。但创业团队需要招的是"合伙人"，因为合伙人做的是事业。一个人只有把工作当作事业才有成功的可能，一个企业只有把员工当作"合伙人"才有机会迅速成长，所以创业团队要先解决价值分配分配障碍，然后去找自己的"合伙人"。

 知识点拨

创业过程是一个充满了不确定性的过程，团队中可能因为能力、观念等多种原因不断有人在离开，同时也有人在要求加入。因此，在组建创业团队时，应注意保持团队的动态性和开放性，使真正完美匹配的人员能被吸纳到创业团队中来。

3. 激情原则

激情是衡量一个人是否能够成功的基础标准之一。创业团队一定要选择对项目有高度热情的人加入，并且要使所有人在企业初创时就要有每天长时间工作的准备。任何人，不管其有无专业水平，如果对事业的信心不足，将无法适应创业的需求，而这种消极因素对创业团队所有成员产生的负面影响可能是致命的。

 知识点拨

创业初期，整个团队可能需要每天十几个小时在不停地工作，并要求在高负荷的压力下仍能保持创业的激情。

4．团队原则

团队是企业凝聚力的基础，成败属于整体而非个人。成员能够同甘共苦，经营成果能够公开且合理地分享，团队就会形成坚强的凝聚力与一体感。为了减少创业期的运作成本、最大比例地分享成果，创业团队的人员构成应在保证企业能高效运作的前提下尽量精简。

 知识点拨

团队中没有个人英雄主义，每一位成员的价值，表现为其对于团队整体价值的贡献。每一位成员都应将团队利益置于个人利益之上，个人利益是建立在团队利益基础上的，因此，成员必须愿意牺牲短期利益来换取长期的成功果实，而不计较短期薪资、福利、津贴等，将利益分享放在成功后。这样的团队是不可能不成功的。

5．互补原则

建立优势互补的团队是创业成功的关键。"主内"与"主外"的不同人才，耐心的"总管"和具有战略眼光的"领袖"，技术与市场两方面的人才，都不可偏废。创业者寻找团队成员，首先要弥补当前资源能力上的不足，要针对创业目标与当前创业能力的差距，寻找所需要的配套成员。

 知识点拨

一个好的创业团队，成员相互间在知识、技能、经验等方面实现互补时，才有可能通过相互协作发挥出"1+1>2"的协同效应。此外，创业团队还要注意个人的性格与看问题的角度，团队里必须有总能提出建设性意见和不断地发现团队问题的成员，一个"都喜欢说好话"的组织绝对不可能成为一个优秀的团队。

二、创业团队组建的主要影响因素

创业团队的组建受多种因素的影响，这些因素相互作用，共同影响着组建过程并进一步影响着团队建成后的运行效率。

（1）创业者。创业者的能力和思想意识从根本上决定了是否要组建创业团队、团队组建的时间表，以及由哪些人组成团队。创业者只有在意识到组建团队可以弥补自身能力与创业目标之间存在的差距后，才有可能考虑是否需要组建创业团队，以及对什么时候需要引进什么样的人员才能和自己形成互补做出准确判断。

（2）商机。创业者应根据创业者与商机间的匹配程度，决定是否要组建团队，以及何时、如何组建团队。

（3）团队目标与价值观。共同的价值观、统一的目标是组建创业团队的前提。团队成员若不认可团队目标，就不可能全心全意为此目标的实现而与其他团队成员相互合作、共同奋斗。而不同的价值观将直接导致团队成员在创业过程中脱离团队，进而削弱创业团队作用的发挥。若没有一致的目标和共同的价值观，创业团队即使组建起来，也无法形成有效发挥协同作用，缺乏战斗力。

（4）团队成员。团队成员的能力的总和决定了创业团队整体能力和发展潜力。创业团队成员的才能互补是组建创业团队的必要条件，而团队成员间的互信是形成团队的基础。互信的缺乏，将直接导致创业团队成员间出现协作障碍。

（5）外部环境。创业团队的生存和发展直接受到了制度性环境、基础设施服务、经济环境、社会环境、市场环境、资源环境等多种外部要素的影响。这些外部环境要素从宏观上间接地影响着对创业团队组建类型的需求。

三、创业团队的组建程序

1. 创业团队的组建程序

创业团队的组建是一个相当复杂的过程，不同类型的创业项目所需的团队不一样，创建步骤也不完全相同。概括来讲，创业团队大致的组建程序如图5.3所示。

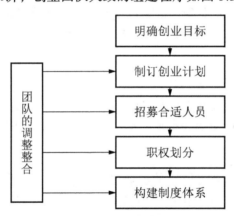

图 5.3　创业团队组建程序

2．企业团队组建的工作

（1）明确创业目标。创业团队的总目标就是要通过完成创业阶段的技术、市场、规划、组织、管理等各项工作实现企业从无到有、从起步到成熟。总目标确定之后，为了推动团队最终实现创业目标，再将总目标加以分解，设定若干可行的、阶段性的子目标。

（2）制订创业计划。在确定了一个个阶段性子目标及总目标之后，紧接着就要研究如何实现这些目标，这就需要制订周密的创业计划。创业计划是在对创业目标进行具体分解的基础上，以团队为整体来考虑的计划。创业计划确定了在不同的创业阶段需要完成的阶段性任务，通过逐步实现这些阶段性目标来最终实现创业目标。

（3）招募合适的人员。招募合适的人员也是创业团队组建最关键的一步。关于创业团队成员的招募，主要应考虑两个方面：一方面，要考虑互补性，即考虑其能否与其他成员在能力或技术上形成互补。这种互补性形成既有助于强化团队成员间彼此的合作，又能保证整个团队的战斗力，更好地发挥团队的作用。一般而言，创业团队至少需要管理、技术和营销三个方面的人才。只有这三个方面的人才形成良好的沟通协作关系后,创业团队才可能实现稳定高效。另一方面,要考虑适度规模。适度的团队规模是保证团队高效运转的重要条件。团队成员太少则无法实现团队的功能和优势,而成员过多又可能会产生交流的障碍,团队很可能会分裂成许多较小的团体,进而大大削弱团队的凝聚力。一般认为,创业团队的规模控制在 2~12 人最佳。

(4)职权划分。为了保证团队成员执行创业计划、顺利开展各项工作,必须预先在团队内部进行职权划分。创业团队的职权划分就是根据执行创业计划的需要,具体确定每个团队成员所要担负的职责及所享有的权限。团队成员间职权的划分必须明确,既要避免职权的重叠和交叉,也要避免某些职权无人承担而造成工作上的疏漏。此外,由于还处于创业过程中,创业团队面临的创业环境又是动态复杂的,不断会出现新的问题,团队成员可能不断出现更换,所以创业团队成员的职权也应根据需要不断地进行调整。

(5)构建创业团队制度体系。创业团队制度体系体现了创业团队对成员的控制和激励能力,它主要包括团队的各种约束制度(主要包括纪律条例、组织条例、财务条例、保密条例等)和各种激励制度(主要包括利益分配方案、奖惩制度、考核标准、激励措施等)。一方面,创业团队通过各种约束制度指导其成员避免做出不利于团队发展的行为,实现对其的行为进行有效的约束、保证团队的稳定秩序。另一方面,创业团队要实现高效运作就必须要有有效的激励机制,使团队成员看到随着创业目标的实现,其自身利益将会得到怎样的改变,从而达到充分调动成员的积极性,以及最大限度发挥团队成员作用的目的。

 知识点拨

要实现有效的激励首先就必须把成员的收益模式界定清楚,尤其是关于股权、奖惩等与团队成员利益密切相关的事宜。另外,创业团队的制度体系应以规范化的书面形式确定下来,以免带来不必要的混乱。

(6)团队的调整融合。完美组合的创业团队并非创业一开始就能建立起来的,很多时候是在企业创立一定时间以后随着企业的发展逐步形成的。随着团队的运作,团队组建时在人员匹配、制度设计、职权划分等方面的不合理之处也会逐渐暴露出来,这时就需要对团队进行调整融合。由于问题的暴露需要一个过程,所以团队调整融合也应是一个动态持续的过程。

 知识点拨

在进行团队调整融合的过程中,最为重要的是要保证团队成员间经常进行有效的沟通与协调,培养强化团队精神,提升团队士气。

 课堂阅读 5.2

星巴克的快乐团队

星巴克咖啡自一家街头小咖啡馆开始,发展到今天遍布全世界 34 个国家和地区的大型连锁咖啡店,除了它在打造其品牌上的独到策略之外,团队建设便是它维持其品牌质量的至关重要的手段,也是该公司不可替代的竞争力所在。以商店为单位组成团队，星巴克倡导的是平等、快乐工作的团队文化（图 5.4）。星巴克对自己的定位是"第三去处"，即家与工作场所之间的栖息之地，因此，让顾客感到放松舒适、满意快乐是公司的愿景之一。

图 5.4　快乐的星巴克工作团队

与大多数企业不同，星巴克从不强调 ROI（Return for Investment，投资回报），却强调 ROH（Return for Happiness，快乐回报）。他们的逻辑是：只有顾客开心了，才会成为回头客；只有员工开心了，才能让顾客成为回头客。而当二者都开心了，公司也就成长了，持股者也会开心。团队文化是他们获得 ROH 的最重要手段。那么星巴克是如何创造这种平等、快乐工作的团队合作文化的呢？

（1）领导者将自己视为普通一员。虽然他们从事计划、安排、管理的工作，但他们并不认为自己与众不同，应该享受特殊的权利，不做普通员工做的工作。例如，该公司的国际部主任去国外的星巴克巡视的时候，会与店员一起上班、做咖啡、清洗杯碗、打扫店铺甚至洗手间，完全没有架子。

（2）每个员工在工作上都有较明确的分工，比如有的专门负责接受顾客的点菜、收款，有的主管咖啡的制作，有的专门管理内部库存等，但每个人对店里所有工种所要求的技能都受过培训，因此，在分工负责的同时又有很强的"不分家"概念。也就是说，当一个咖啡制作员忙不过来的时候，其他人如果自己分管的工作不算太忙，会去主动帮忙缓解紧张，完全没有"莫管他人瓦上霜"的态度。这种既分工又"不分家"的团队文化当然并不是一蹴而就的，而是有针对性地强化训练的结果。

（3）鼓励合作，奖励合作，培训合作行为。所有在星巴克工作的员工，无论来自哪个国家，在商店开张之前，都要集体到总部接受三个月的培训。学习研磨制作咖啡的技巧当然用不着三个月，培训大部分的时间主要用于磨合员工，让员工接受并实践平等、快乐的团队工作文化。

（资料来源：惟幄咨询，http：//www.weiwozixun.com，2015.5.30，有改动）

四、组建优秀的创业团队的方式

创业者想要达到成功最重要的还是要有坚持的毅力和信念，越来越多的创业者开始组建成功的创业团队，因为想要成功必须和创业团队抱成一团，共同用智慧去创造新的财富。那么，如何才能组建优秀的创业团队呢？

1. 知己知彼的团队成员

绝大多数创业团队的核心成员都很少,一般是三四人,最多也不过十来人,如此少的团队成员从企业管理角度来看,实在是"小儿科",因为人数太少,几乎每个从事管理工作的人都觉得能够轻易驾驭。但实际上,这个创业团队成员虽少,但是都有自己的想法,有自己的观点,更有一股藏于内心的不服管的信念。因此,创业团队中的每个成员彼此都不能报以轻视的态度。

优秀的创业团队的所有成员彼此都应该相互非常熟悉、知根知底,《孙子兵法》有云:"知己知彼,百战不殆。"在创业团队中,团队成员都非常清醒地认识到自身的优劣势,同时对其他成员的长处和短处也一清二楚,这样可以很好地避免团队成员之间因为相互不熟悉而造成的各种矛盾、纠纷,迅速提高团队的向心力和凝聚力。

2. 才华各异、相得益彰的创业团队

创业团队虽小,但是"五脏俱全"。创业团队成员不能是清一色的技术流成员,也不能全部是搞终端销售的,优秀的创业团队成员各有各的长处,大家结合在一起,应正好是相互补充、相得益彰。

一个优秀的创业团队必须包括以下几种人:一是创新意识非常强的人,这个人可以决定公司未来发展方向,相当于公司战略决策者;二是策划能力极强的人,这个人能够全面周到的分析整个公司面临的机遇与风险,考虑成本、投资、收益的来源及预期收益,甚至还包括公司管理规范章程、长远规划设计等工作;三是执行能力较强的成员,这个人具体负责下面的执行过程,包括联系客户、接触终端消费者、拓展市场等。

3. 创业团队必须有胜任的带头人

在企业管理和市场营销中,人们经常谈论领导者的核心竞争力。事实上,在创业团队中,带头人的作用更加重要。

知识点拨

创业团队中必须有可以胜任的领导者,而这种领导者并不是单单靠资金、技术、专利来决定的,也不是谁出的"点子"好谁当"头"的。这种带头人是团队成员在多年同窗、共事过程中发自内心认可的。

俗话说"一个好汉三个帮","红花也需绿叶扶持"。不管创业者在某个行业多么优秀,他也不可能具备所有的经营管理经验,而借助团队创业者就可以拥有企业所需要的经验,如顾客经验、产品经验和创业经验等。而且,人际关系在创业中非常重要,人际关系网络或多或少地可以帮助创业者,是企业成功的重要因素之一。通过团队,人脉关系可以放得更大,可提高创业成功的概率。

知识链接

团队组织与管理都重要

一项针对创业者能力的研究报告也指出,组成团队与管理团队是成功创业者需要具备的主要能力之一。

由于组成创业团队的基石在于创业远景与共同信念，所以创业者需要提出一套能够凝聚人心的远景与经营理念，形成共同目标、语言、文化，作为互信与利益分享的基础。

课堂阅读 5.3

宜家家居的特色团队

宜家家居是世界上品牌知名度最高的公司之一，而它所创建的团队文化更是独具特色，为人所称道。该公司的团队（图 5.5）以家具的品类来分，一个团队共同负责同一家具部的工作（如办公家具部、厨房用品部、地毯部、沙发部）。

图 5.5 宜家家居的特色团队

宜家家居是瑞典的公司，公司的企业文化在很大程度上折射出瑞典的民族文化：平等、低调、朴实、现代。宜家家居的招牌广告语是："你不必富有，只需机灵。"它创造的团队文化也具有类似特征。而且最有意思的是，为了鼓励团队成员间的高度融合和协作，公司并不给每个员工明确的岗位说明；相反，公司要求团队成员自己商榷讨论决定谁负责什么，整个团队该如何运作最为有效等，然后如此执行。团队的领导人也没有特殊的头衔，与他人平等，主要起协调沟通的作用，理顺团队并让每个人都能充满乐趣地工作。

宜家家居只是一个家居用品店，每个人的工作内容都不复杂，每个人都能胜任他人的工作，没有人是不可取代的（这与微软公司的团队不同），所以团队的管理关键在于队员之间的互相磨合和默契，在于创造积极向上的、彼此信任和喜欢的团队气氛。这样在任何人忙不过来的时候，暂时有空闲的人就会主动帮忙，让顾客得到良好满意的服务。对团队的整体奖励在团队成员互相认同彼此喜爱的情况下就成了最有效的鼓励合作的手段。将此模式扩大到整个商店，就会产生整个商店便是一个大团队的效果。宜家家居专门规定将一年中的某一天用来奖励所有员工，把在那一天售出的家具的全部收入分给每个员工。商店的员工因此对宜家家居都有强烈的归属感，将自己视为大家庭中的一员（许多店员介绍自己的亲戚朋友来公司工作），于是就更加努力，这样的正向循环使公司的气氛越来越好。

（资料来源：帷幄咨询，http://www.weiwozixun.com，2015.5.30，有改动）

5.3 创业团队的风险与控制

一、创业团队构建的风险成因

1. 盲目照搬成功的组建模式

创业团队的组建基本可以分成三种模式：关系驱动模式、要素驱动模式和价值驱动模式。

（1）关系驱动模式是指以创业领导者为核心的人际关系圈内成员构成团队。他们因为经验、友谊和共同兴趣结成合作伙伴，彼此发现商业机会后共同创业。

（2）要素驱动模式是指创业团队成员分别贡献创业所需的创意、资源和操作技能等要素。由于这些要素完全互补，团队成员之间处于相对平等的地位。

（3）价值驱动模式是指创业成员将创业视为一种实现自我价值的手段，他们的使命感很强，成功的意愿也很强。

不同的创业团队组建模式适用的条件不尽相同，如果盲目照搬照套某种组建模式，会给企业带来巨大的风险。

我国现在应用最广泛的是关系驱动模式，它比较符合中国文化的特点，其团队的稳定性相对较高。但是，关系的远近亲疏经常会成为制约团队发展的瓶颈。要素驱动模式比较符合西方文化的特点，现在的互联网创业团队大多属于这种模式，如果成员之间磨合顺利，可以缩短企业成功所需的时间，但是如果磨合不顺利，就很容易发生解散风险。价值驱动模式中的团队成员虽然是为了追求自我实现组合在一起，但是一旦产生分歧，就是路线斗争，没有妥协的余地。

2. 团队成员的选择具有随意性和偶然性

创业团队是要将个体的力量整合为集聚的攻击力，并保持这种攻击力的持久性。英国学者梅雷迪思·贝尔宾曾经考察了1 000多支团队，研究理想创业团队的构成，最后提出了"九种角色"论，即成功的团队必须包含九种不同角色的人。这九种角色分别是：提出创新观点并做出决策的创新者、将思想语言转化为行动的实干者、将目标分类并进行角色职责与义务分配的协调者、促进决策实施的推进者、引进信息与外部谈判的信息者、分析问题与看法并评估别人贡献的监督者、给予个人支持并帮助他人的凝聚者、强调任务的时效性并完成任务的完美主义者、具有专业技能和知识的专家。

创业团队在组建初期由于规模和人数的限制，在成员选择方面考虑不够全面，过于随意和偶然，甚至只是因为碰巧谈到创业问题而一拍即合，所以不可能具备所有这九种角色，之后又没有进行及时的补充，或是在团队中承担某种角色的人才过多，团队成员之间角色和优势重复，这些都会引发各种矛盾，最终导致整个创业团队的散伙。

> **小案例**
>
> 西安 HX 集团作为一家民营高科技企业,最初的创业团队是 HX 集团现任总裁和他的大学室友及学友共同组建的。两年多的时间里,HX 集团创造了 30 万元的利润,但是创业团队却面临着大分裂,每个人都认为自己有能力挣钱,这与其成员能力和优势重复,以及利润分配不合理有着密切的关系。

3. 缺乏明确和一致的团队目标

美国社会心理学家亚伯拉罕·马斯洛指出,杰出团队的显著特征是具有共同的愿景与目标。凝聚人心的愿景与经营理念,是团队合作的基础。目标则是共同愿景在客观环境中的具体化,能够为团队成员指明方向,是团队运行的核心动力。

在创业初期,创业团队的目标一般并不十分清晰和明确,可能只是一个朦胧的发展方向,有些人甚至不明白自己为什么会走上创业的道路。而且,即使创业领导者的目标明确,也不能保证其他成员都能够真正准确理解团队目标的含义。随着创业进程的推进及外界环境的变化,团队成员可能会发现原先确定的目标和现实之间存在差距,必须对目标进行适当调整,此时如果团队成员之间意见难以调和,或是个人目标与组织目标出现较大的不一致,那么团队就会面临着解散的风险。

> **小案例**
>
> 联想集团的柳传志非常重视市场导向,而倪光南则十分强调技术导向,他们在经营理念和创业目标上的不和导致了曾被誉为"中关村最佳拍档"的联想创业组合的分裂,给当时的联想企业带来了巨大的冲击。

4. 激励机制尤其是利润分配方式不完善

有效激励是企业长期保持团队士气的关键。如果缺乏有效的激励,团队或者组织的生命都难以长久,有效激励的重点是给予团队成员合理的"利益补偿"。根据相关资料,影响国内现阶段创业团队散伙的前两个主要原因是团队矛盾(26%)和利益分配(15%)。团队矛盾的背后或多或少存在利益的影响,因此可以看出,利益分配对于创业团队的持续长期发展有着重要的意义。

实际上,在团队组建初期,由于企业前途未卜,各成员在创业企业中的作用和贡献无法准确衡量,所以团队无法给出一个明确的利润分配方案,可能只是简单地采取平均主义的做法。这样,随着企业的发展和利润的增加,团队成员在利润分配时就会出现争议,从而导致创业团队解散。

> **小案例**
>
> ××太阳能电力有限公司在创业初始的两年里一直处于亏损状态,后来业务稍有起色,就因为利润分配方案不健全等原因,五个人的创业团队走了四人,只剩下一个支撑公司。而且,离开的四人后来均进入了光伏电池行业,成为该公司的竞争对手。

二、创业团队的风险控制

1. 选择合理的团队成员

建立优势互补的创业团队是保持创业团队稳定性的关键,也是规避和降低团队组建模式风险的有效手段。在团队创建初期,人数不宜过多,能满足基本的需求即可。在成员选择上,要综合考虑成员在能力和技术上的互补性,基本保证具备理想团队所需的角色。而且,成员的能力和技术应该处于同一等级,不宜差异过大。如果团队成员在对项目的理解能力、表达能力、执行能力、社会资源能力、思维创新能力等方面存在较大的差异性,就会产生严重的沟通和执行障碍。

在选择成员时还要考虑创业激情的影响。在企业初创期,所有成员每天都需要超负荷工作,如果缺乏创业激情和对事业的信心,不管其专业水平多高,都可能成为团队中的消极因素,对其他成员产生致命的负面影响。

> **小案例**
>
> 携程网的成功,除了抓住互联网快速发展的契机外,有一个良好的创业团队是其成功关键。携程网的团队成员来自美国甲骨文公司、德意志银行和上海旅行社等,是技术、管理、金融运作和旅游的完美组合。大家共同创业,分享各自的知识和经验,避开了很多创业"雷区"。

2. 确定清晰的创业目标

创业团队在实践中要不断总结和吸取教训,形成一致的创业思路,勾画出共同的目标,以此作为团队努力的目标和方向,鼓励团队成员积极掌握工作内容和职责,竭诚与他人合作交流,贡献个人能力。

创业团队的目标必须清晰明确,能够集中体现出团队成员的利益,还要与团队成员的价值趋向一致,并保证所有团队成员都能正确理解,这样才能发挥鼓励和激励团队成员的作用。此外,创业团队的目标还必须切实可行,既不应太高,也不应太低,而且能够随着环境和组织的变化及时更新和调整。

> **小案例**
>
> 北京 MT 公司主要从事研究、开发及销售以翻译软件为主的四大系列软件产品,其在创业初期就确定了三年内成为我国最大应用软件和服务提供商的目标以及具体的发展战略。明确的创业目标保证了团队成员的稳定性,其成员自创业以来基本上没有太大变化,这不仅使企业凝聚力的提高,也使 MT 公司在企业创新方面取得了较大突破,很快成为国内第一个通用软件上市公司,亚洲首支"信息本地化概念股"。

3. 制定有效的激励机制

正确判断团队成员的"利益需求"是有效激励的前提。实际上,不同类型的人员对于利益的需求并不完全一样,有些成员将物质追求放在第一位,而有些成员则是希望能够获得荣誉、发展机会、能力提高等其他利益。因此,创业团队的领导者必须加强与团队成员的交流,针对各成员的情况采取合理的激励措施。

创业团队的利润分配体系必须体现出个人贡献价值的差异，要以团队成员在整个创业过程中的表现为依据，而不仅是某一阶段的业绩。其具体分配方式要具有灵活性，既包括诸如股权、工资、奖金等物质利益，也包括个人成长机会和相关技能培训等内容，并且能够根据团队成员的期望进行适时调整。

小案例

腾讯公司的创业团队多年来十分稳定，这与其利润分配机制的有效性是分不开的。虽然腾讯公司的股权多次转让，但是它的五位创办人一直共同持有公司的大部分股份，公司的上市更是使得创业团队的五位成员都成为亿万富翁。

课堂阅读 5.4

合理选择团队成员

创业团队每个成员的加入都有他们各自的目的。人的需求大体上可以分为五个层次：生理需要、安全需要、社交的需要、尊重的需要、自我实现的需要。团队成员基于哪个层次的需要而加入团队，对其在组织中的行为方式起着决定性作用。例如，对一个目前还缺乏基本生活保障的人来说，更注意组织的获利能力，更迫切地想养家糊口，这就有可能导致企业逐利的短期行为。而基于自我实现需要的成员，更注意企业的未来发展，想把事业做大，充分发挥自己的能力，企业对他来说是实现抱负的最好舞台。

1. 团队成员的知识结构

在一个创业团队中，成员的知识结构越合理，创业的成功性就越大。单纯由技术人员组成的创业团队，容易形成技术为主、产品为导向的情况，从而使产品的研发与市场脱节；全部是市场和销售人员组成的创业团队，则缺乏对技术的领悟性和敏感性，也容易迷失方向。因此，在创业团队成员选择上，必须充分注意团队成员的知识结构，通过技术、管理、市场、销售、财务等方面的人才的有机结合，才能充分发挥个人的知识和经验优势。

2. 团队成员的性格、个性和兴趣

大多数创业团队在形成时，都没有注意成员的个性特征。一些因为私交很好而在一起的伙伴，如朋友、同事、同学、校友、亲戚等，成为共同创业的伙伴；或是有相似的理念和观点，具有相近技术研发背景的人，基于对某一技术的狂热而成为共同创业的伙伴。在创业初期，大家同甘共苦共患难，怀着满腔的创业热情而工作，在这种情况下，团队成员在性格上的差异和处理问题的不同态度就容易被掩盖。而一旦企业发展到某个阶段的时候，由于个性冲突导致的矛盾就会激化，使创业团队出现裂痕，严重的还会导致团队分裂。所以，在团队成员的选择过程中要注意，好同学不一定是好股东。

3. 团队成员的价值观念

在一个创业团队中，成员的价值观念和道德品质决定了今后企业文化的形成。甚至可以说，企业文化的最初源头就是企业创始人自身价值观念和道德品质的体现。因此，在创业团队形成之前，必须通过深入的交流和充分的了解，使价值观念相近、个人素质较高的人在一起组成团队，创业成功的可能性更大。

创 业 指 导

（1）创业团队是指由两个或两个以上具有一定利益关系的，彼此间通过分享认知和合作行动以共同承担创建新企业责任的，处在新创企业高层主管位置的人共同组建形成的有效工作群体。

（2）与个体创业相比，团队创业具有多方面的优势，对创业成功起着举足轻重的作用，是新企业通向创业成功的桥梁。

（3）团队的工作内容可以不同，团队成员的知识结构可以不同，团队本身的结构和组成可以不同，但只要抓准了团队的特征并进行有针对性的管理，各种各样的团队都可能被打造成优秀的团队。

（4）创业团队的领导作用重要但又不能凸显，关键但又不能过分强调。领导者要在领导的同时又让队员感受到是他们自己在领导整个团队。这样，当每一个成员都产生自己对团队的拥有感的时候，他们就再也不必苦苦思索是否要合作的问题，而会忘情地全心全意贡献自己的力量。

拓展与思考

复星"五剑客"

作为上海复星高科技集团创始人之一的郭某，1991年复旦大学毕业留校，成为复旦大学校团委的一名教师。1992年，郭某将自己准备出国留学的3.8万元拿出来，与他的伙伴一起成立了上海广信科技咨询公司。公司成立初期，只是一家小规模的科技咨询公司，主营业务为市场调查和咨询。开始时，他们的野心不大，希望先赚十几万元。

他们有远大理想，又脚踏实地，能吃别人不能吃的苦。他们靠吃方便面节省开支，骑着自行车满上海去找项目，与柳传志当年的"自行车创业"颇有几分相似。凭借着他们在学校做调研的经验，公司的工作渐渐取得成效，太阳神、乐凯胶卷、天使冰王等诸多品牌成为公司的客户。在公司成立10个月后，郭某和他的同伴赚到了100万元。

1998年，"复星实业"上市，一次即募集资金3.5亿元。这个时候，郭某也因为能很好地整合与协调团队，奠定了自己在复星"领头人"的位置。

复星的"二当家"梁某在回忆当年推举郭某做领头人时表示，郭某的优势是情商高，能很好地整合与协调团队。在战略思考上，郭某总能领先一步，每当一件事达到一个水平，大家觉得可以歇一口气的时候，郭某却能提出一个新的像大山一样的目标，驱动事业继续前进。

梁某口中的郭某无疑代表了复星公司的形象。郭某在复星公司稳坐头把交椅，具有大股东身份的原因是，创业团队的伙伴们高度认可他的思辨能力，他新奇的想法从来不断。与团队中梁某、汪某、范某等复旦遗传学毕业的人相比，专业性不强但综合素质和情商颇高的郭某反而占了优势，成了最具领导力、当之无愧的一把手。而梁某的口才好、反应快、精力充沛、善于沟通交流，这些特点几乎是复星创业团队公认的，所以，他做了集团的党委书记和新闻发言人。

随着市场竞争的加剧，郭某等人最初设想的科技转化为商品的简单想法已经变得需要进一步深化，在这样的背景下，他们开始重新定位公司未来。经过讨论，复旦学子组成的"五剑客"创业团队做出战略决策：追求投资上的彻底多元化和经营上的彻底专业化。"在产业选择上，我们是用投资家的眼光看问题。而在运营上，我们强调专业的人做专业的事。"复星公司有三个企业家团队，一是融资的专业团队，二是投资的专业团队，三是持续管理、运营的专业团队。

郭某和他的创业五人组走得一帆风顺。复星集团的投资涉足生物制药、钢铁、房地产、矿产、信息产业、商贸流通业、金融、汽车和传媒等多个领域，直接、间接控股和参股的公司超过100家，其中8家为上市公司，涉足医药、房地产、钢铁、矿业、零售、金融服务与战略投资六大领域。对此，郭某坦然告白：

复星的成功,归因于五人团队各有专长又善于合作的特质。

对人才具有强大"磁力"的郭某最大的体会是,一定要学会使用比自己强的人,要学会用在某个领域比自己强的人。他明白,能不能找到最好的人、有没有眼光找到最好的人,关系到企业的成败。

复星公司强调的是团队管理。创业团队要经得起成功、失败的考验而不散,仅靠友谊是不够的。他们几个人除了在学校就建立起来的良好关系之外,浙商的精神也在他们身上有所体现,由这种共同的文化演绎而成的企业文化,是五人同心的最大基础。

(资料来源:http://www.23yy.com/1940000/1930347.shtml,有改动)

思 考 题

(1)创业团队的"5P"要素包括哪些?
(2)结合实际谈谈如何组建一支优秀的创业团队。
(3)创业团队相对亲友创业的优势体现在哪些方面?

创业实践活动 3

组建创业团队

【活动目的】
通过开展组建创业团队的活动,培养和锻炼学生组建创业团队的能力。

【活动内容】
以创业小组为单位,每个创业小组根据自己选择的创业项目所需要的岗位,招募人员,组建创业团队。

【活动要求】
(1)创业团队组建原则:目标统一、能力互补、精简高效、以事设岗。
(2)创业团队组建流程:明确创业目标,设置需要的岗位,确定职权分工,明确团队成员的作用。
(3)分组上台汇报交流组建创业团队的情况,包括创业团队的名称、队长、各团队成员的作用等。

【活动成果】
制定创业团队的岗位职责。

【活动评价】
由各小组学生代表上台进行交流汇报,学生提问,小组成员答疑,教师进行点评。其他创业小组对汇报小组进行评价打分。各小组加权平均分数×70%=学生评价分值,教师评价分值占30%。

第 6 章

创业资源的整合

　　许多大学生都错误地认为，只要有个好的点子，能拿到资金，再加上执着、激情、运气，就能够成为下一个马化腾。但是，创业成功的真正关键更在于：团队、经验、执行力。大部分创业的失败不是因为点子不好，而是因为欠缺经验，没有团队，缺乏执行力——归根结底，积淀比点子更重要。

——创新工场董事长　李开复

【名人简介】

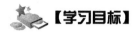【学习目标】

知 识 目 标	能 力 目 标
（1）了解创业融资的种类与作用。 （2）掌握创业过程中资源需求与资源获取方法。 （3）掌握创业融资的渠道与风险	（1）学会获取创业管理资源的技巧。 （2）能够开发自己的创业资源，开展创业活动

【导入案例】

洛克菲勒的女婿

在美国一个农村住着一个老头，他有三个儿子。大儿子、二儿子都在城里工作，小儿子和他在一起，父子相依为命。突然有一天，一个人找到老头，对他说："尊敬的老人家，让我把你的小儿子带到城里去工作吧？"老头气愤地说："不行，绝对不行，你滚出去吧！"这个人说："如果我在城里给你的儿子找个对象，可以吗？"老头摇摇头："不行，快滚出去吧！"这个人又说："如果我给你儿子找的对象，也就是你未来的儿媳妇是洛克菲勒（美国首富石油大王）的女儿呢？"老头想了又想，终于让儿子当上洛克菲勒的女婿这件事打动了。

过了几天，这个人找到了洛克菲勒，对他说："尊敬的洛克菲勒先生，我想给你的女儿找个对象。"洛克菲勒说："快滚出去吧！"这个人又说："如果我给你女儿找的对象，也就是你未来的女婿是世界银行的副总裁，可以吗？"洛克菲勒想了想，同意了。

又过了几天，这个人找到了世界银行总裁，对他说："尊敬的总裁先生，你应该马上任命一个副总裁！"总裁先生头说："不可能，这里这么多副总裁，我为什么还要任命一个副总裁呢？"这个人说："如果你任命的这个副总裁是洛克菲勒的女婿，可以吗？"总裁先生于是同意了。于是，这个农村小伙子马上变成了洛克菲勒的女婿，还是世界银行的副总裁。

这虽然是一个小故事，但却是当代企业家配置资源的最佳方式。手里有没有资源不重要，甚至钱与权也并非核心资源，而真正珍贵的是资源的整合方案与执行者。就像柳传志所说，公司每个人都是珍珠，而他则是珍珠项链中间的线。

（资料来源：http://www.douban.com/note/238855115/2016.5.1，有改动）

6.1 创业资源的内涵

创业活动需要资源的支撑，要想搞清楚什么是创业资源，首先要明确什么是资源。

一、资源与创业资源的含义

马克思在《资本论》中说："劳动和土地，是财富两个原始的形成要素。"恩格斯说："其实，劳动和自然界在一起它才是一切财富的源泉，自然界为劳动提供材料，劳动把材料转变为财富。"马克思、恩格斯的定义，既指出了自然资源的客观存在，又把人（包括劳动力和技术）的因素视为财富的另一不可或缺的来源。可见，资源的来源及组成，不仅是自然资源，而且还包括人类劳动的社会、经济、技术等因素,还包括人力、人才、智力(信息、知识)等资源。

所谓资源,指的是一切可被人类开发和利用的物质、能量和信息的总称,它广泛地存在于自然界和人类社会中,是一种自然存在物或能够给人类带来财富的财富。或者说,资源就是指自然界和人类社会中一种可以用以创造物质财富和精神财富的具有一定量的积累的客观存在形态,如土地资源、矿产资源、森林资源、海洋资源、石油资源、人力资源、信息资源等。

创业资源是指新创企业在创造价值的过程中需要的特定的资产,包括有形与无形的资产。创业资源是新创企业创立和运营的必要条件,主要表现形式为创业人才、创业资本、创业机会、创业技术和创业管理等。

二、创业资源的种类及其作用

创业资源是新创企业成长过程中必需的资源。按照资源对企业成长的作用,可将创业资源分为两大类,直接参与企业日常生产、经营活动的资源称为要素资源;未直接参与企业生产,但其存在可以极大地提高企业运营的有效性资源,则称为环境资源。

创业者获取创业资源的最终目的是组织这些资源追逐并实现创业机会,提高创业绩效和获得创业的成功。无论是要素资源还是环境资源,无论它们是否直接参与企业的生产,它们的存在都会对创业绩效产生积极的影响。

1. 要素资源

要素资源可以直接促进大学生新创企业的成长,它主要包括场地资源、资金资源、人才资源、管理资源和科技资源等。

(1)场地资源。例如,大学生创业园(图6.1)经营场地内部的基础设施建设,便捷的计算机通信系统,良好的物业管理和商务中心,以及周边方便的交通和生活配套设施等。

图6.1 大学生创业园

任何企业都要有生产和经营的场所,大学生创业企业也不例外,这是企业存在的首要条件之一。如能为科技人员提供舒适的研究开发环境和高速网络通信系统,为市场人员提供便捷的商务中心和配套设施等,将有助于新创企业更快更好地成长。

（2）资金资源。例如，大学生创业需要的银行贷款和风险投资，各种扶持大学生创业的政策性低息或无偿扶持基金，以及写字楼或者大学生创业孵化器所提供的便宜的租金等，如图 6.2 所示。

图 6.2　发放大学生创业扶持资金

充足的资金将有助于加速大学生新创企业的发展。大学生创业特别是高科技新项目创业，无论是进行产品研发还是生产销售，都需要大量的资金。而且，大学生新创企业往往由于资产不足而缺乏抵押能力，很难从银行得到足够的贷款，这更使得资金资源成为企业高速发展的瓶颈。因此，如何有效地吸收资金资源是每个大学生创业者都极为关注的问题。

（3）人才资源（图 6.3）。例如，高级科技人才和管理人才的引进，高水平专家顾问队伍的建设，合格员工的聘用等。

图 6.3　创业人才资源

人才对于大学生创办的高科技企业的成长和发展来说，已经越来越重要。事实上，当代企业管理中的人才已经由传统的"劳动力"概念转变为"人力资本"的概念，高素质人才的获取和开发已经成为现代企业可持续发展的关键。对于大学生新创的高科技企业来说，因为其更大的知识比重，人才资源则更为重要。

（4）管理资源（图6.4）。例如，企业诊断、市场营销策划、制度化和正规化企业管理的咨询等。

图6.4　资源需要规范化管理

大学生新创的高科技企业，由于创业者大多是科技人员出身，他们本身具备较强的科研能力，但是对于企业管理知识往往有所欠缺，很多高科技创业企业都失败于管理不善，这意味着拥有一套完整而高效的管理制度是新创企业的宝贵资源。当然，在企业缺乏这一资源时，专业的管理咨询策划将有助于提高新创企业的生产和运作效率。

（5）科技资源（图6.5）。例如，对口的研究所和高校科研力量的帮助，与企业产品相关的科技成果以及进行产品开发时所需要用到的专业化的科技试验平台等。

图6.5　创业需要科技资源

大学生新创企业要积极引进、寻找有商业价值的科技成果，加强和高校科研院所的产学研合作。这样将有助于加快产品研制和成型的速度，缩短产品进入市场的时间，为大学生新创企业的市场竞争提供有力支持。

2．环境资源

环境资源可以影响要素资源，并间接促进新创企业的成长。环境资源主要包括政策资源、信息资源、文化资源、品牌资源等。

（1）政策资源（图6.6）。例如，允许个人从事科技创业活动，允许技术入股，支持海外与国内的高科技合作，为留学生回国创业解决户口、子女入学等后顾之忧，简化政府的办事手续等。

图 6.6　创业需要政策扶持

从中国大学生的创业环境看，"大众创业，万众创新"需要制定相应的扶持政策，只有在政策允许和鼓励的条件下，大学生新创企业才能获得更多的人才、贷款和投资、具有明确产权关系的科技成果、各种服务和帮助，以及场地优惠等。大学生新创企业应该特别重视政策资源。

（2）信息资源（图6.7）。例如，及时的展览会宣传和推介信息、丰富的中介合作信息、良好的采购和销售渠道信息等。

图 6.7　信息资源

专业机构对于信息的搜集、处理和传递，可以为大学生创业者制定研发、采购、生产和销售的决策提供指导和参考。对于大学生新创企业来说，由于竞争十分激烈，就更加需要丰富、及时、准确的信息，以争取到更多的创业资源。

（3）文化资源（图6.8）。例如，高科技企业之间相互学习和交流的文化氛围，相互合作和支持的文化氛围，以及相互追赶和超越的文化氛围等。

图 6.8　企业文化交流

文化资源是企业发展中重要的一环，对于大学生新创企业来说，文化资源尤为珍贵。例如，硅谷成功的一个很重要的原因是因为那里的浓厚文化氛围，如鼓励冒险、容忍失败等。文化，对于大学生创业者有着极大的精神激励作用，令新创企业以更强的动力和能力有效组合各要素并创造价值。

（4）品牌资源（图6.9）。例如，借助大学或优秀企业的品牌、借助科技园或孵化器的品牌、以及借助社会上有影响力的人士对企业的认可等。

图 6.9　品牌资源

大学生创业企业所置身的环境也具有一定的品牌效应。例如，优秀的孵化器能为大学生创业提供品牌保证，可以提高政府、投资商和其他企业对在孵企业信誉度的估价，有助于提升大学生新创企业获取资金、人才、科技、管理等资源。大学生创业者要善于利用品牌资源，扩大新创企业和品牌之间的互动，以增强社会影响力。

三、创业资源的获取

资源获取是在确认并识别资源的基础上，利用其他资源或途径得到所需资源并使之为创业企业服务的过程。创业者应充分认识影响创业资源获取的因素，了解创业资源的获取途径，以便在适当时候获得企业必需的创业资源。

1. 创业资源的获取途径

获取创业资源的途径分为市场途径和非市场途径两大类。当创业所需要的资源有活跃的市场，或者有类似的可比资源进行交易时，可以采用市场交易的途径；其他情况下则可以采用非市场交易的途径。

1）通过市场交易途径获取资源

（1）购买是指利用财务资源通过市场购入的方式获取外部资源，主要包括购买厂房、装置、设备等物质资源，购买专利和技术，聘请有经验的员工等。需要注意的是，诸如知识（尤其是隐性知识）等资源虽然可能会附着在非知识资源上通过购买物质资源（如机器设备等）得到，但很难通过市场直接购买，因此，需要新创企业通过非市场途径去开发或积累。对创业者来说，购买资源可能是其最常用的资源获取方式，大部分资源，尤其是物质资源、技术资源、人力资源等都可以通过从市场上购买的方式得到。

（2）联盟是指通过联合其他组织，对一些难以或无法自己开发的资源实行共同开发。这种方式不仅可汲取显性知识资源，还可汲取隐性知识资源。但联盟的前提是联盟双方的能力和资源互补且有共同的利益，而且能够对资源的价值及其使用达成共识。通过联盟资源的方式共同研究、开发、获取技术资源也是创业者经常采用的方式，尤其是对于高科技企业来说，通过和高等院校及研究机构的联盟，可以在不增加设备投入的同时，及时得到企业发展所需要的技术资源，使企业保持可持续发展的后劲。

（3）资源并购是通过股权收购或资产收购将企业外部资源内部化的一种交易方式。资源并购的前提是并购双方的资源尤其是知识等新资源具有比较高的关联度。并购是一种资本经营方式，通过并购可以帮助创业者缩短进入一个新领域的时间，从而及时把握商机，实现创业目标。

2）通过非市场途径获取资源

（1）资源吸引是指发挥无形资源的杠杆作用，利用新创业的商业计划，通过对创业前景的描述，利用创业团队的声誉来获得或吸引物质资源（厂房、设备）、技术资源（专利、技术）、资金和人力资源（有经验的员工）。创业者在接触风险投资或者技术拥有者的过程中，可以通过对创业前景的描述或团队良好声誉的展示，获得资源拥有者的信任和青睐，从而吸引其主动将拥有的资源投入创业企业之中。

（2）资源积累是指利用现有资源在企业内部通过培育形成所需的资源，主要包括自建企业的厂房、装置、设备，在企业内部开发新技术，通过培训来增加员工的知识和技能，通过企业自我积累获取资金等。创业者通常会采用资源积累的方式来筹集企业所需的人力资源和技术资源。通过资源积累的方式获取人力资源可以作为一种激励方式，激发创业团队或企业员工的工作积极性，提高工作效率；通过资源积累的方式获取技术资源，则可以在获得核心技术优势的同时，保守商业机密。

通过市场途径还是非市场途径获取资源，主要依赖于资源在市场的可用性和成本等因素。若证明快速进入市场能够带来成本优势，则外部购买可能就是获取资源的最佳方式。

获取资源贯穿创业的全过程，在创业的初始阶段，它具有更加重要的作用。对于多数新创企业来说，由于初始资源禀赋的不完整性，创业者需要取得资源供应商的信任来获取资源。但无论如何，采用多种途径同时获取不同资源总是正确的选择。

小案例

英士国际商学院策略学教授洛朗斯·凯普伦和美国北卡罗来纳州杜克大学教授威尔·米切尔经过对162家电信公司进行长达10年的研究后得出结论：与采用单一途径的企业相比，通过多种方式获取资源的企业更有优势，它们在未来5年内继续经营的概率比那些主要依赖联盟的企业高46%，比专注于并购的企业高26%，比坚持内部研发的企业高12%。

2. 创业资源的获取模式

创业者开创企业的初始条件不同，其获取资源的模式也就有所不同。典型的创业资源获取模式有技术驱动型的资源获取模式、人力资本驱动型的资源获取模式和资金驱动型的资源获取模式。

1）技术驱动型的资源获取模式

技术驱动型的资源获取模式是指创业者最先拥有技术资源，或者创业初始技术资源较为充裕并带动其他资源向企业聚集。在该模式下，创业者以拥有的核心技术为基础，根据技术开发的需要获取、整合和利用资源。大学生创业或高科技创业多采用这一模式。

2）人力资本驱动型的资源获取模式

人力资本驱动型的资源获取模式是指创业者以拥有的团队为基础，通过发挥团队特长或根据机会开发的需要来获取、整合和利用资源的模式。很多职业经理人创业采用这一模式；工作一段时间后再创业的创业活动很多也是以原工作单位的工作伙伴以及积累的工作技能为基础，先组建一个相互默契的工作团队，再寻找一个适合的创业项目，促成创业成功。

3）资金驱动型的资源获取模式

资金驱动型的资源获取模式是指创业者最先拥有资金，或者创业初始资金较为充裕并带动其他资源向企业聚集的资源获取模式。在该模式下，创业者以其拥有的资金为基础，通过寻找和资金相匹配的项目，进而对其进行开发来获取、整合和利用资源。很多大型企业的内创业多采用资金驱动型的资源获取模式，它们有着充裕的资金，有发现新商机的独到眼光，于是通过新产品研发或新技术购买开始新一轮的创业活动。

3. 创业资源的获取技能

为了及时、足额并以较低的成本获得创业所需要的资源，创业者需要掌握一定的创业资源获取技巧。

1）充分重视人力资源的获取

人力资本在创业资源中的决定性作用，要求创业者必须充分重视人力资源的获取。创业者一方面应努力增强自身能力的培养，充分重视创业团队的建设，另一方面要做好创业企业员工的招聘和管理。一个成员间知己知彼、才华各异、技能互补、目标一致和彼此信任的团队是创业资源中最为重要的资源，是创业成功必不可少的保证。一支团结高效的员工队伍是创业成功地基础保障。

2）以能用和够用为原则

"垃圾"是放错了地方的"宝贝"，但不是所有的"宝贝"都是企业的资源。创业者在筹集资源时应坚持能用的原则，只有那些既能满足自己需求又是自己可以支配并使其充分发挥作用的资源，才是真正需要筹集的资源。

【相关视频】

资源的使用是有代价的，因此，在筹集创业资源时应该本着够用的原则，而不是多多益善。一方面，资源的有限性使创业难以筹集过多的资源；另一方面，当使用资源的收益不能够弥补其成本时，资源的使用并不能给企业带来效益，反而会成为企业健康发展的负担。

3）尽可能筹集多用途资源和杠杆资源

资源自身的特性决定了其用途的不同，有的资源可以在不同场合具有不同的用途。筹集具有多用途的资源可以帮助创业者应付创业过程中出现的意外情况。在知识社会，具有独特创造性的知识是现代社会的高杠杆资源。对于杠杆资源的合理利用，有助于创业者取得一定的杠杆收益，达到事半功倍的效果。高素质的人才既是多用途的资源，也是高杠杆的资源，是创业者必须充分予以高度关注和重视的资源。

 课堂阅读 6.1

忆恒创源的创业之路

北京忆恒创源科技有限公司的两位创始人——总经理殷某和技术副总路某是多年好友，他们都是"80"后。创业前他们分别在中国科学院、微软亚洲研究院工作，从稳定工作走向创业的道路，源自"技术控"殷某的一个偶然发现。

殷某在中国科学院时，有一次院里有个航拍项目，需要一个大容量硬盘，但机械硬盘太重并且容易因受震动而出现故障。他们不得已买了一个昂贵的进口固态硬盘，容量不大，但是价格为5 000元。殷某当时觉得很惊讶：硬盘能卖那么贵的价钱？殷某回去查阅了很多国外网站的资料，发现当时全球企业级固态硬盘的生产商寥寥无几。殷某对固态硬盘的性能、技术进一步分析后，他觉得这是一个可以开拓挖掘的蓝海市场，而自己和好友路某就具备研发核心技术的能力。

此后半年的时间，殷某和路某下班后都会挤在9平方米的宿舍里做实验。后来，两人先后辞掉了工作，专心做研发。实验进行得并不顺利，但是两个"技术男"对这一产品的执着始终不曾动摇。2011年，他们攻克了核心技术，积累了很多算法和技术。经过测试，他们认为自己的产品比最大竞争对手——美国一家全球最大固态硬盘生产商的产品更先进。于是，殷某与路某在2011年3月成立了北京忆恒创源科技有限公司，希望借助资本的力量和各种各样的资源，推广自己的技术和产品，做出世界级的企业。

在2011年"创新中国"大赛中，忆恒创源公司走到了比赛的最后，得到了名次，拿到了奖金。

6.2 创业融资的内涵

任何企业的生产经营活动都需要资金的支撑。对于大学生新创企业来说，在企业的销售活动能够产生现金流之前，企业需要技术研发，需要为购买和生产存货支付资金，需要进行广告宣传，需要支付员工薪酬，还可能需要对员工进行培训；另外，要实现规模经济效应，企业需要持续地进行资本投资；加上大学生新创企业的产品或服务的开发周期一般比较漫长，这就使得创业企业在生命早期需要大量筹集资金。

一、创业融资概述

1．融资的定义

从狭义上讲，融资就是一个企业的资金筹集的行为与过程，也就是企业根据自身的生产经营状况、资金拥有的状况，以及企业未来经营发展的需要，通过科学的预测和决策，采用一定的方式，从一定的渠道向企业的投资者和债权人去筹集资金，组织资金的供应，以保证企业正常生产需要、经营管理活动需要的理财行为。企业筹集资金的动机应该遵循一定的原则，并通过一定的渠道和一定的方式去进行。通常讲，企业筹集资金有三大目的：企业要扩张、企业还债及混合动机（扩张与还债混合在一起的动机）。

从广义上讲，融资也叫金融，就是货币资金的融通，即当事人通过各种方式到金融市场上筹措或贷放资金的行为。从现代经济发展的状况看，作为企业需要比以往任何时候都更加深刻、全面地了解金融知识，了解金融机构，了解金融市场，因为企业的发展离不开金融的支持，企业必须与之打交道。

2．创业融资的定义

创业融资是指创业者为了将某种创意转化为商业现实，通过不同渠道并采取不同方式筹集资金以建立企业的过程。创业者应当根据新创企业在不同发展阶段的资本需求特征，结合创业计划及企业发展战略，合理确定资本结构及资本需求数量。

3．创业融资的重要性

对创业者来说，融资的重要性主要表现在以下三个方面：

（1）资金是企业的血液。资金不仅仅是企业生产经营过程的起点，更是企业生存发展的基础。资金链的断裂是企业致命的威胁。

（2）合理融资有利于降低创业风险。创业企业使用的资金，是从各种渠道借来的资金，都具有一定的资金成本。因此，合理选择融资渠道和融资方式，有利于降低资金成本，将创业企业的财务风险控制在一定范围之内。

（3）科学的融资决策有利于企业可持续发展，为创业企业植入"健康的基因"，保证创业企业可持续发展。

4．创业融资困难的原因

（1）大学生创业企业的平均风险水平较高。即使在创业活动相当活跃、融资渠道更为通畅的美国，新创企业的失败率也非常高。根据美国的一项长期研究，24%的创业企业在 2 年内失败，52%的创业企业在 4 年内失败，63%的创业企业在 6 年内失败。对于风险较高的创业企业贷款，商业银行自然要求更高的利率。但是，由于国内此前对贷款利率浮动范围的管制，使得许多中小企业贷款的利率水平不能抵偿其风险，进而必然会促使商业银行远离这些高风险的中小企业贷款，转向资信较好的大型企业。创业企业的高经营风险，常常缺乏稳健的现金流、弱担保能力（缺乏担保资产），加上商业银行所强调的稳健的经营偏好，决定了创业企业通常难以获得银行的贷款。

（2）大学生创业者和外部潜在的投资者之间常常存在严重的信息不对称。这主要表现为，大学生创业者通常自己更了解创意、技术或者商业模式的情况，而外部投资者并不了解。而创业者常常由于担心企业的"天机被一语道破"，不愿意过多告诉投资者相关的信息，投资者难以深入了解。这使得投资者在极为有限的信息下，难以判断创业者项目的优劣。另外，在大学生在创业项目的可行性、创业团队的素质和创业企业的财务状况等方面，创业者和外部投资者之间都可能存在严重的信息不对称，这往往会导致逆向选择问题，使得创业融资市场上出现"劣币驱逐良币"的现象。

知识点拨

大学生新创企业发展存在很多的不确定性，这使得投资者常常难以判断机会的真实价值和创业者把握机会的实际能力。即使投资者愿意投资，双方也常常因对大学生创办的企业的发展前景和盈利能力判断的不同，而导致对企业价值评估的巨大差异，双方难以就此达成一致，投资者只好放弃投资。

（3）创业融资难的其他原因。清华大学中国创业研究中心研究表明，按照创业环境和创业活跃程度对 GEM（Global Entrepreneurship Monitor，全球创业观察）亚洲参与国家和地区分类，中国属于创业环境差但是创业活动较为活跃的国家。创业环境指标中包括金融支持和创业企业提供的金融和非金融服务的商务环境。我国创业活动活跃，创业融资需求自然大，该研究结果反映了我国创业融资需求和供给之间存在突出矛盾。

研究表明，我国的创业机会多，创业动机强，但创业能力不足，亟须通过创业教育和实践智慧的积累提高创业能力。缺乏有经验的创业者和投资者，加上目前国内支持创业的基础设施（包括融资、服务中介、法律和信用环境等）还不健全，这些因素更进一步加重了我国大学生创业企业融资的难度（图 6.10）。

图 6.10 大学生创业融资难

5. 解决创业融资难问题的要点

（1）大学生创业者应当考虑能否通过自融资（包括自己出资、向亲朋好友筹集资本等）来先试探性地启动项目，争取能够在一段时间内开发出初步的产品，或者通过探测市场，初步实现创意和商业模式。在初步成功后，再去找投资者融资，这远比一有创意就到处找投资者好得多，因为实际证据远比大学生投影在屏幕上的幻灯片更具有说服力，同时这也能够使创业项目具有更高的市场价值。

（2）大学生创业者应该集中力量，争取在某一领域具有明显的产品和市场优势。

（3）要争取逐步形成良好的管理团队。

（4）大学生创办的企业应努力建立诚信。

（5）要建立良好的企业组织和法人治理结构。

二、创业融资的渠道

对大学生创业者来说，能否快速、高效地筹集资金，是创业的关键问题之一。目前我国创业的融资渠道较为单一，主要依靠银行等金融机构。而实际上，风险投资、天使投资、创新基金、中小企业担保贷款、政府基金、典当融资等都是不错的创业融资渠道。

1. 风险投资

风险投资是创业者的"维生素C"。在英语中，风险投资的简称是"VC"，与维生素C的简称"Vc"如出一辙，而从作用上来看，两者也有相同之处，都能提供必需的"营养"。广义的风险投资泛指一切具有高风险、高潜在收益的投资；狭义的风险投资是指以高新技术为基础，生产与技术密集型产品的投资。根据美国全美风险投资协会的定义，风险投资是指由职业金融家投入到新兴的、迅速发展的、具有巨大竞争潜力的企业中的一种权益资本。

> **小案例**
>
> 重庆TY机械厂从1995年开始研制生产大型氟利昂机组新产品，该产品具有兼容功能，并可以用其他冷冻液进行替代。由于银行对新产品一般不予贷款，重庆风险投资公司提供了100万元贷款。两年后，TY机械厂新产品销售额达7 000万元。

2. 天使投资

天使投资是创业者的"婴儿奶粉"。天使投资是自由投资者或非正式风险投资机构，对处于构思状态的原创项目或小型初创企业进行的一次性的前期投资。天使投资虽是风险投资的一种，但两者有着较大差别：天使投资是一种非组织化的创业投资形式，其资金来源大多是民间资本，而非专业的风险投资商；天使投资的门槛较低，有时即便是一个创业构思，只要有发展潜力，就能获得资金，而风险投资一般对这些尚未诞生或嗷嗷待哺的"婴儿"兴趣不大。

在风险投资领域，"天使"这个词指的是企业家的第一批投资人，这些投资人

【知识拓展】

在公司产品和业务成型之前就把资金投入进来。天使投资人通常是创业者的朋友、亲戚或商业伙伴,由于他们对该创业者的能力和创意深信不疑,因而愿意在业务远未开展之前就向该创业者投入大笔资金。

对刚刚起步的大学生创业者来说,既吃不了银行贷款的"大米饭",又沾不了风险投资"维生素"的光,在这种情况下,只能靠天使投资的"婴儿奶粉"来吸收营养并茁壮成长。

小案例

牛根生(蒙牛集团创始人)在新疆伊犁期间,因为订制包装制品与谢秋旭(蒙牛集团最大股东)成为好友。当牛根生自立门户之时,谢秋旭作为一个印刷商人,慷慨地掏出现金注入初创期的蒙牛公司,并将其中的大部分股权以"谢氏信托"的方式"无偿"赠与蒙牛公司的管理层、雇员及其他受益人,而不参与蒙牛公司的任何管理和发展安排。最终,谢秋旭也收获不菲,380万元的投入如今已变成10亿元。

3. 创新基金

创新基金是创业者的"营养餐"。近年来,我国的科技型中小企业的发展势头迅猛,已经成为国家经济发展新的重要增长点,政府也越来越关注科技型中小企业的发展。同样,这些处于创业初期的企业在融资方面所面临的迫切要求和融资困难的矛盾,也成为政府致力解决的重要问题。

有鉴于此,结合我国科技型中小企业发展的特点和资本市场的现状,科技部、财政部联合建立并启动了政府支持为主的科技型中小企业技术创新基金,以帮助中小企业解决融资困境。

小案例

兰州大成自动化工程有限公司运行初期,主要进行产品开发,几乎没有收入,虽然技术的开发有了很大的进展,但资金的短缺却越来越突出。当时正值科技型中小企业技术创新基金启动,企业得知后非常振奋,并选择具有国际先进水平的"铁路车站全电子智能化控制系列模块的研究开发与转化"项目申报创新基金。为此,他们进一步加快了研发的速度,于1999年12月通过了当时铁道部(现铁路总公司)的技术审查,取得了阶段性的成果。正因为企业有良好的技术基础,于2000年得到了创新基金100万元的资助,这不仅起到了雪中送炭的作用,而且起到了引导资金的作用。同年,该项目又得到了甘肃省科技厅50万元的重大成果转化基金,以及教育部"高等学校骨干教师资助计划"12万元的基础研究经费。2001年,针对青藏铁路建设的技术需求,该项目被列入甘肃省重点攻关计划,支持科技三项费用30万元。

4. 中小企业担保贷款

中小企业担保贷款是创业者的"安神汤":一方面中小企业融资难,大量企业嗷嗷待哺;另一方面银行资金缺乏出路,四处出击,却不愿意贷给中小企业。究其原因主要在于,银行认为向中小企业发放贷款,风险难以防范。然而,随着国家政策和有关部门的大力扶植及担保贷款数量的激增,中小企业担保贷款必将成为中小企业另一条有效的融资之路,为创业者"安神补脑"。

> **小案例**

　　上海一家高科技公司属国内一流艺术灯光景观建设专业企业，开发了数十项产品。在强大的科技研发能力支持下，该公司业务发展迅速。与业务发展相伴而行的则是资金困境。工程类企业的行业特点是资金回笼速度慢，营运资金占用情况严重。但由于该公司规模较小，又缺乏与银行合作的信用记录，获得银行融资困难重重。之后，该公司得到中国投资担保有限公司的提供保证担保的80万元流动资金贷款，自此，取得了快速发展。

5．政府基金

　　政府基金（图6.11）是创业者的"免费皇粮"。近年来，政府充分意识到中小企业在国民经济中的重要地位，尤其是各省市地方政府，为了增强自己的竞争力，不断采取各种方式扶持科技含量高的产业或者优势产业。为此，各级政府相继设立了一些政府基金予以支持。这对于拥有一技之长又有志于创业的诸多科技人员，特别是归国留学人员是一个很好的吃"免费皇粮"的机会。

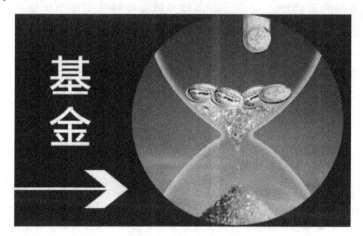

图6.19　政府引导基金

> **小案例**

　　在澳大利亚度过了14年留学和工作生涯的施某，带着自己10多年的科研成果回到家乡无锡创业。当无锡市有关领导得知施某的名声，以及他的太阳能晶硅电池科研成果在国内还是空白时，立即拍板要扶持他的创业活动。在市经委的牵头下，无锡市政府联合当地几家大型国有企业投资800万元，组建了无锡尚德太阳能电力有限公司。有了政府资金的鼎力支持，尚德公司有了跨越式发展，仅仅3年时间销售额便已过亿元，成为业界明星企业。

6．典当融资

　　典当融资（图6.12）是创业者的"速泡面"。"急事告贷，典当最快"，典当的主要作用就是救急。与作为主流融资渠道的银行贷款相比，典当融资虽只起着拾遗补阙、调余济需的作用，但由于能在短时间内为融资者争取到更多的资金，因而被形象地比喻为"速泡面"。

图 6.12 典当融资

小案例

周先生是位通信设备代理商,前段时间争取到了一款品牌新手机的代理权,可是问题在于要在 3 天内付清货款才能拿货,而他的资金投资在另一商业项目上,他可不甘心失去这得来不易的代理权。周先生脑子转到了自己的那辆"宝马"车上,于是,他马上开车来到典当行。业务员了解情况后告诉他,当天就可以办理典当手续拿到资金。周先生立即着手办理典当手续,交纳相关证件、填表、把车开到指定仓库、签合同、领当金。不出半天的工夫,他就拿到了自己急需的 50 万元。一个月后周先生来赎当,这笔当金帮他赚了近 10 万元。

课堂阅读 6.2

民间借贷是是非非

向亲戚朋友借钱作为初始资金投入,是许多创业者的起点。

过去民间借贷(图 6.13)的范围比较小,主要用于生活临时资金急需,如结婚、建房等,是老百姓自助互助的一种形式。而现在,民间借贷已成为投资融资的重要形式,不仅工业、商业,就连办学校、办医院也会采取向民间募资的办法,综合性的温州大学部分股份都来自民间,其最大股东的投资额是 5 000 万元。有关人士表明,如果没有民间借贷,温州的桥头纽扣市场、柳市的低压电器市场等十大专业市场,根本就不可能发展壮大。

图 6.13 民间相互借贷

很多人做生意、创业，首先会想到的就是向朋友借钱。很少有人会想到民间借贷，尤其是的向亲朋好友借钱，其实是成本最高的一种融资方式，表现在三个方面，一是开口向亲戚朋友借钱，无论借到或借不到，都可能会引起亲朋的反感，可能以后老远见到你就会绕着走。为什么？因为害怕你再开口向他借钱，借与不借都不合适。不借，得罪你；借，害怕收不回来，所以干脆躲开你，这是一种成本。二是向亲戚朋友借到钱去做生意搞事业，事业一旦成功，你给对方多少回报合适？你给得多，自己所得就少，而且你给得越多，对方只会认为你赚得越多。所以，他总是不嫌少，不满意；你给得少，或者干脆就给个本钱，对方意见就会更大，因为他会想，他的钱存银行至少会有一些利息，还不担风险，因此他更不满意。一般情况下，借方总是按照自己所能承受的限额给，这样，就意味着资金使用成本的提高。三是万一事业失败，你可能只向你的亲戚朋友中的一个人借了钱，消息却会迅速传遍所有亲友，因为在中国，每个人的亲友圈子基本都是一个封闭的圈子。封闭圈子最大的特点就是信息传播快。你其实只是借了其中一个人的钱没还，或者一时还不上，但是很可能会引起所有人的警惕，以后都不想再借钱给你。亲友圈子是人一生中最宝贵的软资源，这个资源一旦遭到破坏，就难以重新构建，你的"生存环境"将被严重毒化，这种成本的付出才是最为可怕的。而据统计，中国创业者首次创业的成功率不到30%，五年存活率只有5%～10%，后果相当严重，如图6.14所示。所以，除非万不得已，或者是对生意确有把握；否则，不要轻易向亲友借钱开创事业。

图 6.14 民间借贷乱象多

民间借贷的基础是信用。关于如何建立信任，曾国藩的独到见解可供创业者借鉴。曾国藩总是叮嘱他的家人在不需要借钱的时候向人借钱，每年都要借几次，然后按时还上。家人都很吃惊，说我们家里又不缺钱，而且以大人在朝中受器重的程度来看，也不可能家道中落，为什么要去向别人借钱呢？曾国藩说正是因为如此，我才让你们不时地去向人家借点钱，因为你们这样想，人家也是这样想，万一家里出事，接济不上，需要借钱，人家都不会相信我们，自然也就借不到钱。如果我们在不需要借钱的时候就不时地向人家借钱，就会给别人留下一个印象，原来曾家也是经常要借钱的，这样的话，我们的面子虽然损失了一点，但是真正到了我们需要借钱的时候，人家就不会因为怀疑我们家不需要借钱，而不将钱借给我们，这是第一点。第二点，如果我们不时地向人家借点钱，然后又总是按约定及时将钱还给人家，这样就会在别人心目中形成一种我们曾家人有信用的印象，这样，人家才肯放心地把钱借给我们。

（资料来源：中国经济网，http://book.ce.cn/read/economy，2014.12.8，有改动）

 ## 6.3 创业资源的管理

创业离不开资源。创业伊始，创业者需要判断自己是否具有足够的资源来开发创业机会。

同时，新创企业需要更多的资源来保障，因此，创业者需要对创业资源进行合理的管理。

一、创业资源整合

1. 创业资源整合的含义

创业资源的管理问题实际上也就是对创业资源的整合问题。整合就是要优化资源配置，获得整体的最优。资源整合是企业识别与获取其成长发展所需的资源，并将其进行优化配置以形成能力的过程。

资源整合是一个复杂的动态过程，具体是指企业对不同层次、不同用途、不同来源的资源进行识别、汲取、配置和利用，使之富有系统性、条理性和互补性；通过对现有资源价值的识别，摒弃无价值的资源，从而形成新的核心资源体系。

资源整合具有以下四大特征：

（1）激活特征。资源只有被激活才能发挥其效能，实现价值创造。

（2）动态特征。资源整合受外部环境的变化而变化着，而且资源本身的属性及结构也是随着环境的变化而变化的。新创企业在成立初期以及后来的成长发展过程中都会采取不同的资源整合方式。

（3）系统特征。在资源整合的前期识别与汲取阶段，就必须构建一个系统的资源体系结构，使各种资源匹配和功能互补。资源的整合要将企业所有资源纳入整体中，形成一个体系。

（4）价值增值特征。通过对各种资源进行有机结合和相互匹配，使其达到"1+1>2"的效应，而不是简单的加总。

 知识点拨

创业资源的整合有其内在的逻辑过程，通过对资源的科学整合，有利于提升企业竞争力，使企业获得竞争优势。创业资源在未整合之前大多是零散的，要发挥其最大的效用，转化为竞争优势，为企业创造价值，还需要新创企业运用科学方法将不同来源、不同效用的资源进行配置与优化，使有价值的资源融合起来，发挥"1+1>2"的放大效应。

课堂阅读 6.3

没钱也可以开店

张三性格开朗，待人热情，头脑灵活，善于社交，有一定的管理能力。他既酷爱电脑又做着电脑生意，兜里也有一些积蓄，而且还结识了众多的电脑爱好者。由于当今的网络已成为年轻人生活的一部分，他就瞄准了一个挣钱的机会——开一家网吧，但是，自己积蓄的钱又不够。经过仔细分析和市场调研后，在一个交通便利又比较热闹的地段，他和几个朋友一起开了一家规模较大的网吧。一年后，张三不仅收回了本钱，自己又开了一家分店。

张三的成功归功于他对自己有清醒的认识，对市场需求有充分的了解，同时借助于和朋友合作，既解决了资金问题，又壮大了个人的实力，将自己的优势有效地与外部条件结合起来，成为一个成功的创业者。

对于每一个创业者而言，永远要面对的困难，就是资源的匮乏。但是，成功的创业者总是能够利用自己仅有的资源，巧妙地与其他资源整合。张三不仅有"勇"，还有"谋"——资源整合的意识。

（资料来源：根据网络资料整理）

2．创业资源整合的重要性

创业者在创业前不管资源准备如何充分，也不可能预见创业后所有的问题。任何一个创业者都不可能在想出了所有问题的答案后再创业。讨论资源重要性的目的既不是给立志创业者泼冷水，也不是建议大家坐等"万事俱备"。

创业者在创业之初所控制的资源多少不是最重要的，很多人在初次创业的时候都是资源十分欠缺的。大量例证也表明创业之初，企业家所支配的资源几乎是微不足道的。对于创办一个小企业来说，并不需要多少资本。这一规律不仅在知识经济时代，即使是资源经济时代也可举出许多例证。

小案例

惠普公司的创始人威廉·休利特和戴维·帕卡德创业之初身无分文，是用弗雷德·特曼教授所借的538美元租用汽车房创立惠普公司的；苹果电脑公司是史蒂夫·沃兹尼亚克和史蒂夫·乔布斯于1976年在自家的汽车房创立的；沃尔玛的创始人山姆·沃尔顿1962年由一个小店起家，现已发展成为世界最大的零售企业之一；金利来公司的创始人创业之初仅有6 000港元的资本。

根据约瑟夫·熊彼特的观点，"创业者的功能就是实现新组合。"因此，创业资源的优化配置是创业者实现成功创业必须仔细斟酌的问题。有人也曾经通过经验分析得出结论，"创业的精髓在于使用外部资源的能力和意愿。"现在美国用"entrepreneur"（意为企业家、主办人或承包人）专指在没有拥有多少资源的情况下，锐意创新、发掘并实现潜在机会的价值的创业者。在这个问题上，我们也许还可以从这句话中得到启示："准创始人中绝大部分面临的最大挑战不是筹集资金，而是如何在没有资金的情况下把事情干好的智慧和干劲。"可以说，创业成功并不需要100%拥有所有资源，整合资源的能力远胜于拥有所有创业资源。阿里巴巴的马云先生，他本人并不完全具备创业所需的一切资源，但是他能通过自身的努力，将一些适用的资源（人力、物力）整合在一起并合理地运用，形成了一个强有力的多资源团队，因此，他获得了成功并得以不断地壮大和持续发展。

知识点拨

所有成功创业者在新创企业成长的各个阶段，都会做到用尽可能少的资源推进企业往前发展。同时，对他们而言，资源的所有权并不是关键，关键的是对其他人的资源的控制、影响程度。这种理念的好处在于，它能够减少创业者创业所需的资本量；在选择经营企业还是放弃企业时处于更有利的地位，以放弃资源所有权为代价而提高了灵活性；降低了沉没成本、固定成本，并以丰富的利润抵消变动成本的上升，进而大大降低了创业者把握商机过程中的风险。

小案例

电子计算机专业在校大学生库某经过充分的市场调查，得出"开拓西式婚礼市场必定会有丰厚回报"的结论，决定进军这一领域。2006年10月28日，他在江西抚州注册了一家西式婚庆公司，并于11月2日在互联网上开设婚庆网站。但是，库某没有西式婚庆所需的教堂、婚庆用品，也没有业务推广和报纸电视广告的经费。他是如何解决这一问题的呢？答案就是整合他人的资源。

（1）场地问题——教堂，抚州市的两个教堂在江西省是最雄伟的。库某以详细的计划书使教堂负责人相信，抚州市第一家西式婚庆公司很有前景，双方成功签署了一个3年的合作协议。

（2）对于婚庆用品，库某经过两个月的奔波，和抚州市一家大酒店及另外几家婚庆用品店达成协议，租用他们的婚庆用品，它们也成了婚庆公司的长期合作伙伴。

（3）至于广告，库某则想办法吸引媒体眼球，让他们主动报道。库某从学校就业指导课上的模拟招聘会中得到启发，他做了一个模拟婚庆。2006年11月2日，库某的公司和米兰婚纱摄影店在抚州市最繁华的街道上举行了一场模拟婚庆，吸引了抚州市的许多媒体，当天的报纸都用了相当的篇幅报道婚庆的事情。模拟婚庆的录像传上网页后的第二天，公司就接到了浙江一对新人的电话，这是公司第一笔业务，他们报价10万元。

二、各种类型资源的开发

1. 人脉资源的开发

大学生创业者在创业过程中，人脉资源是第一资源，有各种良好的人脉关系，可以方便地找到投资、找到技术与产品、找到渠道等各种创业机会。整合人脉资源是创业成功的基本条件。

关于人脉资源的特性，需要特别注意的有以下几点：

（1）长期投资性。平时要注意人脉资源的积累，不要事到临头才去找人帮忙。在公司做业务也一样，现在不是你的客户，明天就可能成为你的客户，因而你必须从现在开始建立联系。人脉资源的形成需要很多时间和精力，这也是一种投资。

（2）可维护性和可拓展性。人脉资源可以通过合作、交流、关心、帮助、友情、亲情等进行维护，并会不断巩固，如果不去维护就会变得疏远。所以，人脉资源需要经常性地维护，同时在维护中可以不断地发展新的人脉关系。

（3）有限性和随机性。每个人一生中能认识多少人？包括老师、同学、亲戚、同事、朋友、客户等，一般不超过500人，而能够真正帮助自己的一般不会超过50人，所以每个人的人脉资源都是有限的，你的发展同样也会受到你的人脉资源的限制。同时，你所认识的人可能没能力帮助你，有能力帮助你的人你可能不认识，所以在客观上就需要你不断认识更多的人，但是每个人的能力又是有限的，不可能认识所有潜在的帮助者。

（4）辐射性。你的朋友帮不了你，但是你朋友的朋友可以帮你。

2. 人才资源的开发

大学生创业或者做事业，唯一真正的资源是人。如何努力创造吸引人才的条件，为新创企业吸引和留住人才，利用"外脑"，整合人才资源以获得长期持续发展的内在动力，已成为中小企业当前的一项十分迫切的任务。

目前，使一些中小企业的创业者最头痛的事情，不再是技术上的问题，也不再是企业赚多赚少的问题，而是人才资源短缺的问题。企业应把人才战略作为新创企业发展的重点，求才、爱才、育才、重才，用事业发展吸纳高科技人才，用高科技人才牵引高新技术产品开发，从而形成一支支撑企业发展的高素质的优秀人才队伍。因此，中小企业应根据自身发展，建立起一套人才资源规划体系。

（1）建立起完善的激励体系。用精神上的、物质上的奖惩制度去激发员工的潜能，让员工的潜能发挥到极致。

（2）建立起培训机制。企业应主动培养人才，同时也让人才在企业里发挥其最大的潜能为企业做出贡献。

（3）善待员工。让员工有一种家的感觉。善待员工，是留住人才的唯一法宝。这种善待，不光是指精神上给予人才的满足，也要配以适当的物质利益。

（4）要量才而用。用人的长处，控制人的短处，不要为了节省开支而凑合。

（5）分工尽可能明确，但可根据职务的重要与否适当地授以兼职。

（6）引入外部力量。如采用举办培训班等方式来协助创业者快速找到自己所需要的人才。

知识链接

用才必须尊才

人才是创新之源，人才是企业最核心的竞争力，现代企业的竞争，归根结底是人才的竞争。当前许多企业正处在发展变革的重要关头，要想在激烈的市场竞争中取胜，就必须提升人力资源的价值。但要吸引、留住人才，也并非易事，必须在尊重人才的价值上下功夫。

（1）用好人才。按照人才的才能和特长，安排适当的领导岗位、聘任技术职务，使人才有价值"认可感"、受"信任感"。

（2）给任务、压担子。让人才攻关键、解难题，使人才有"成就感"。

（3）表彰奖励有重大贡献的人才，使人才有"光荣感"。

（4）待遇从优，使人才有"幸福感""满足感"。

3. 信息资源的开发

信息资源对很多创业者来说就是成功的机遇，而机遇瞬间即逝，创业者要善于整合把握。信息资源与人力资源、物力资源、财力资源及自然资源一样，都是大学生创业的重要资源，因此，应该像管理整合其他资源那样管理整合信息资源。

从工业化时代走向信息时代，随着信息技术的发展，信息与日常生活、工作越来越密不可分，最直接的体现就是信息量陡然增大，信息流转加快，但也同时带来了一个问题，就是信息"爆炸"，各种信息充斥在我们周围。创业如何在最有效的时间内获得最有效的内、外部信息而抓住成功创业的机遇却往往成了一个难题。所谓天时、地利，很多时候不是它们不出现，而是当它们出现时，你能否发现并把握。对于创业者来说，这点更显得至关重要，创业要抓住机遇。这就是"人和"的力量。

（1）新创企业信息化的最高层次是决策，它具有前瞻性。企业在做决策时，关心的问题是来自包括竞争对手、政府、行业、合作伙伴、客户等在内的周边环境的变化。在对变化的预测、分析的基础上做出尽可能合理的决策，这个层次上的企业信息化通常针对创业及高层管理所遇到的问题。对创业者而言，信息是不对称的，了解、分析包括竞争对手、政府、行

业、合作伙伴、客户等在内的周边环境的变化信息，才能做到"知己知彼，百战不殆"，才能做到"有的放矢"，集中精力、财力、人力抓住转瞬即逝的成功机遇。

（2）对于信息资源，整合具有管理的内涵，即既要整合管理好企业外部的资源，抓住企业好的发展机遇，又要整合管理好企业内部的信息资源，进行信息资源的规划。信息资源规划是指通过建立全企业的信息资源管理基础标准，根据需求分析建立集成化信息系统的功能模型、数据模型和系统体系结构模型，然后再实施通信计算机网络工程、数据库工程和应用软件工程的一个系统化的企业信息化解决方案，以使企业高质量、高效率地建立高水平的现代信息网络，实现信息化建设的跨越式发展。

4．技术资源的开发

在大学生创业初期，创业技术是最关键的资源。技术资源是决定所需创业资本的大小、创业产品的市场竞争力和获利能力的根本因素。创业企业成功的关键是拥有成功的创业技术，其原因有三：一是创业技术是决定创业产品的市场竞争力和获利能力的根本因素。二是创业技术核心与否决定了所需创业资本的大小。对于在技术上非根本创新的创业企业来说，创业资本只要保持较小的规模便可维持企业的正常运营。三是从创业阶段来说，由于企业规模较小，所以管理及对人才的需求度不像成长期那样高。创业者的企业家意识和素质是创业阶段最关键的创业人才和创业管理资源。

知识点拨

技术资源的主要来源是人才资源，重视技术资源的整合同时也就是注重人才资源的整合。技术资源的整合，不仅要整合、积聚企业内部的技术资源，还要整合外部的可资利用的技术资源。整合技术资源只是起点，技术资源整合的目的是推动技术的不断创新，自主研发并拥有自主知识产权，保持技术的领先，以占领市场，壮大企业。

5．资产资源的开发

大学生创业离不开资本的支持，在整合资产资源的同时要考虑资本为企业带来其他的资源，不仅仅是解决"钱"的问题，更重要的是看战略投资者还能为企业带来哪些其他的资源，比如政府背景、行业背景、市场影响力、营销支撑等。也就是说，整合资产资源时要充分考虑资产资源能否带来更多的其他资源。但最为关键的是，选择的战略投资者要与企业当前阶段的发展目标相吻合。

资本市场在创业企业资源整合中的作用主要体现在：资本市场保证了企业股权的流动性，为企业资源整合提供了便利的通道。在资本市场中，资源的优化配置是通过股权的交换来实现的。由于资本市场的每一个参与者都希望自己所拥有的资源价值最大化，所以通过反复的交易，可以使其资源得到充分的利用，其价值得到充分的体现，进而达到资源的价值最大化。

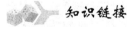

整合资产资源引进外来资本的方式

（1）要对准备引入的资产资源有个整体性了解。在初步确定投资意向之后，创业企业就可以根据实际情况，在众多的意向投资者中选择钟情目标。在接触之前，一定要认真了解一下这些投资者的基本情况，如资质情况、业绩情况、提供的增值服务情况等。

（2）在与投资者的接触面谈前，企业自身应准备好必要的文件资料。在多次谈判过程中，谈判将会一直围绕企业的发展前景、新项目的想象空间、经营计划和如何控制风险等重点问题进行。

（3）在签订的合同书中，创业企业和投资人双方必须明确两个基本问题：一是双方的出资数额与股份分配，其中包括对投资企业的技术开发设想和最初研究成果的股份评定；二是创建企业的人员构成和双方各自担任的职务。

6. 政府资源的开发

掌握并充分整合大学生创业的政府资源，享受政府扶持政策，可使新创企业少走许多弯路，达到事半功倍之效。创业的扶持政策主要包括财政政策、税收政策、科技政策、产业政策、金融政策、人才政策等。政府资源对创业者而言是不可多得的成功创业的助推器。

政府资源（也即各项优惠扶持政策）主要包括以下几个方面：

（1）财政扶持政策。中央财政预算设立中小企业科目，安排扶持中小企业发展专项资金。地方政府根据实际情况为中小企业提供财政支持。

（2）融资政策。中国人民银行加强信贷政策指导，改善中小企业融资环境；鼓励商业银行调整信贷结构，加大对中小企业的信贷支持。各商业银行在其业务范围内提高对中小企业的融资比例，扩展服务领域。国家政策性金融机构采取多种形式为中小企业提供金融服务。县级以上人民政府和有关部门推进和组织建立中小企业信用担保体系，推动中小企业的信用担保。

（3）税收政策。国务院和省级人民政府对符合下列条件之一的中小企业，在一定期限内给予税收优惠：一是由失业人员开办，初期经营困难的；二是吸纳社会再就业人员比例较高的；三是设立在少数民族地区、边远地区和贫困地区的；四是从事高科技产品的研究开发的；五是从事资源综合利用和环保产业的；六是国家产业政策规定需要扶持的。

（4）科技政策。国家制定政策鼓励中小企业按照市场需要开发新产品，采用先进的技术、生产工艺和设备，提高产品质量。例如，国家实施一系列的科技计划，包括科技攻关计划、星火计划、重点新产品计划、科技型中小企业技术创新基金。

（5）产业政策。例如，我国对境内新办软件生产企业、集成电路设计企业和生产线宽不大于 0.8 微米的集成电路生产企业，经认定后，自开始获利年度起，第 1 年和第 2 年免征企业所得税，第 3~5 年减半征收企业所得税。

（6）中介服务政策。政府有关部门在规划、用地、财政等方面提供政策支持，推进建立各类技术服务机构，建立生产力促进中心和科技企业孵化基地。国家鼓励社会各方面力量建立健全培训、信息、咨询、人才交流、信用担保、市场开拓等服务体系。

（7）创业扶持政策。在城乡建设规划中合理安排必要的场地和设施，支持创办中小企业；地方政府应为创业人员提供工商、财税、融资、劳动用工、社会保障等方面的政策咨询和信息服务；国家鼓励引进国外资金、先进技术和管理经验创办中外合资（合作）企业，鼓励依法以工业产权或者非专利技术等投资参与创办中小企业。为促进中小企业发展，科技部及各地方政府大力发展科技创业服务中心即企业孵化器，政府有关部门为创业提供全方位的服务，并实行优惠政策鼓励其为中小企业提供良好的创业服务。

 课堂阅读 6.4

创业融资必须考虑的五个问题

大学生创业者常常为筹集资本而百般忙碌。尽管能否筹集到资本是无法完全预测的事情,但是创业者在开发资金资源以前,可以先考虑一些必要的问题,以便为最终决策提供依据。

问题1:什么时候需要钱?

大学生创办企业当然需要资本,但不能因为"我需要钱"而使自己的思路混乱,应该首先考虑融资后的投资收益状况。因为融资需要付出成本,既有资本的利息成本,也有昂贵的融资费用和不确定的风险成本。因此,只有在严谨论证自己的创意之后,确信利用筹集的资本所预期的总收益大于融资总成本时,才有必要考虑融资,要争取做到"好钢用在刀刃上"。

问题2:需要多少钱?

由于资本的筹集与使用都具有成本,所以企业筹集来的资本并非"韩信点兵,多多益善"。事实上,多余的资本只会让新创企业盲目扩张,而这种超出自身运作能力的扩张,既不能保证企业自身盈利目标的完成,也不能实现股东预期的回报,最为可怕的是让没有市场经验的新创企业迷失方向乃至"夭折",因此,创业者在融资时应该量力而行,避免"圈钱"。

问题3:需要什么样的钱?

对于大学生新创企业以及成长型企业来说,选择哪种融资方式有着重要意义,因为不同的融资方式具有不同的资本成本。一般来说,融资方式不外乎股权融资和债务融资两种,除了创业投资外,股权融资的主要表现是上市融资。相对于债务融资而言,股权融资的风险较大,还需要承担一定的发行费用,看起来似乎成本较高。但企业融资还包括机会成本,从目前我国的情况看,企业通过银行贷款所花费的机会成本是很高的。

问题4:是否愿意让投资者了解企业的秘密?

无论以哪种方式融资,资本的提供者大都需要依据相应的条款、制度、手续来了解企业和企业主。以债务融资为例,无论是银行贷款还是担保公司进行担保,提供资本的一方都会要求企业提供清晰透明的财务管理资料,并反复审查。很多投资机构不投资的原因,都是因为融资者无法公开企业的秘密,或者隐瞒,或者造假。以股权融资的创业投资为例,创业投资者往往还需要了解创业者(企业家)个人的秘密,包括信用状况、个人能力等,以确保一旦投资后,创业者(企业家)能够有足够的能力使资本升值。因此,创业者应该学会识别交易中不可接受的条款和条件,并使用相应的措施保护个人和企业财务报表的机密。

问题5:如何看待自己的企业?

投资家在考虑是否投资时,往往要看融资者对自己公司的态度:究竟是像对待孩子一样爱惜自己的企业,还是抱有"养大了卖钱"的心理。在前一种想法支配下,融资者为了自己的企业健康成长,会尽力将企业搞好,并且会在企业面临困难时,像对待孩子一样千方百计抢救。而在后一种想法支配下,融资者是为了以后卖掉企业大赚一笔,因而可能为了企业"养大养壮"而不择手段,这是投资者最为担心的事情。

创业指导

(1)创业资源是指新创企业在创造价值的过程中需要的特定的资产,包括有形与无形的资产。创业资源是新创企业创立和运营的必要条件,主要表现形式为创业人才、创业资本、创业机会、创业技术和创业管理等。

(2)创业者开创企业的初始条件不同,其获取资源的模式也有所不同。典型的创业资源获取模式有技术驱动型的资源获取模式、人力资本驱动型的资源获取模式，以及资金驱动型的资源获取模式。

（3）创业者应当根据新创企业在不同发展阶段的资本需求特征，结合创业计划及企业发展战略，合理确定资本结构及资本需求数量。

拓展与思考

300万农民都在为蒙牛养牛

蒙牛集团的创立者牛根生当年创业时，也跟很多人一样，缺少资金，可是蒙牛却跑出了火箭一般的速度：整合工厂，整合政府农村扶贫工程，整合农村信用社资金。没运输车，整合个体户投资买车；没宿舍，整合政府出地，银行出钱，员工分期贷款。这样，农民用信用社贷款买牛，蒙牛用品牌担保农民生产出的牛奶包销，蒙牛一分钱没花，整个北方地区300万农民都在为蒙牛养牛。

任何企业家都不可能拥有世界上所有的资源，人手中可支配的资源总是有限的。想要实现自己的发展目标，就必须利用自己手中可占用和支配的资源与他人交换自己所需要的资源，同时让对方也能得到他想要的资源。这就是资源整合的一个重要法则，能不能把可以利用的资源整合过来为己所用，关键在于你有没有整合的思维。

诸葛亮借的为什么都不用还

诸葛亮被大家喻为智慧的化身，他一生中的很多传奇故事都跟"借"字有关：借天时、借地利、借人和、借荆州、借东风、草船借箭、借火等。

诸葛亮在古时条件有限的环境下，充分利用了自然环境与人文环境的便利，成就了大业。这也是资源整合的智慧。他借的都不用还，所以他是借又不是借，事实上他是在整合，因为整合是不用还的。反观现代企业的管理，最缺乏的恰恰就是这种"借"的智慧，假如用一个字来替代资源整合，那就是"借"。

思 考 题

（1）创业资源的作用是什么？
（2）创业融资难的原因是什么？
（3）什么是民间借贷？民间借贷要注意哪些问题？

创业素质测评3

测试你的创业资源

一、知识技能

（1）你所在的学校对学生的评价常以分数为主要参考吗？　　　　　　　　　　　　（　　）
（2）以年龄来看，周围的人对你的专业知识（能力）的评价如何？　　　　　　　　（　　）
（3）你曾经参与过成功的计划吗？你有亲自执行的经验吗？　　　　　　　　　　　（　　）
（4）你曾为班级/院系/学校提过好的建议，或针对难题提出解决方案而在学校受到瞩目吗？（　　）

（5）你认为同学对你专业知识的信赖度如何？　　　　　　　　　　　　（　　）
　　（6）你的朋友对你的信赖度如何？　　　　　　　　　　　　　　　　　（　　）
　　（7）你曾将专业知识或技能以演讲、报刊文章等形式发表过吗？　　　　（　　）

二、人脉关系

　　（1）以你的年龄来看，朋友们对你在学习上的交往与人缘有何评价？　　（　　）
　　（2）每年你要寄出多少贺年卡？　　　　　　　　　　　　　　　　　　（　　）
　　（3）你每年新增的朋友数是多少？　　　　　　　　　　　　　　　　　（　　）
　　（4）拿起电话马上就可以谈心的朋友有多少？　　　　　　　　　　　　（　　）

三、评测标准

　　测试过程中你可以将答案按照非常多、多、一般、较少、非常少、无6个等级，分别赋予5、4、3、2、1、0的不同分值。总分在20分以上才有创业资格。

第 7 章

创业计划书的撰写

一项学术研究发现，完成创业计划书的潜在创业者，在创业中创建新企业的可能性，比那些没有写创业计划书的个人高出 6 倍。

——佛罗里达中央大学管理学系　布鲁斯·R. 巴林格

【名人简介】

【学习目标】

知 识 目 标	能 力 目 标
（1）了解创业计划书的本质和作用。	（1）通过组建创业团队，能够完成一项创业计划书的撰写。
（2）掌握撰写创业计划书的基本内容和方法。	（2）能够将创业构想融入创业计划书的架构中。
（3）掌握创业计划书中需要注意的关键问题。	（3）创业团队能够自评创业计划书。
（4）掌握计划书各构成部分及其相对重要性	（4）掌握创业计划书演讲的技巧

【导入案例】

Sunny 创意点心坊计划

Sunny 创意点心坊创办人张小姐，从小就对做甜点很有兴趣，她在大三时就曾经做乳酪、蛋糕给同学试吃，同学觉得很好吃就鼓励她试着销售。学校在张小姐大四那年举办校园创意梦想竞赛，她很积极地组织了团队，找到了可以信任、能力互补的朋友一起参加竞赛，希望能够共同实现梦想。

因为团队成员没有点心市场的经营经验，所以他们就先对目前同样产品的知名厂商进行观察，学习其营运模式与店面管理，并统计其门市一整天的来客数，分析可能的替代率。他们也广泛地试吃市场上销售的产品，记录各产品的特点，综合市场观察的结果，再加上自己的创意来开发产品。

为了配合新产品开发，他们在学校举办试吃与问卷调查活动，问卷内容除了商品口感外，也了解顾客愿意花多少钱去购买一杯奶酪。很多顾客吃了奶酪后会跟他们说"好幸福哦"。这提醒了他们，"幸福"并没有这么难得到，因此，他们决定用一个小故事将产品串联在一起。

在撰写创业计划书前，团队参考了学校提供的创业指导，并进行小量试销，借此了解所需的设备与价格，有不懂的就上网查资料，再进行分析。撰写创业计划书时，团队则采取专业分工的方式，共同完成初稿。在创业计划书中，团队模拟营运三年的状况，当时预计设立一家公司及烘焙厂约需要的资金，算出来第一年就能损益平衡了。实际营运后，因为大家还是学生并没有钱，所幸学校提供了试营运场地，因此，不需要庞大的设置费用。

Sunny 创意点心坊计划在一年内建立适合学校市场的营运模式，再逐步扩充。因为开分店不难，但要找寻共同兴趣、具有创业精神的伙伴并不容易，企业主的心态是不容易复制的，因此，他们训练每位伙伴都会做出商品，包含每天营运与门市的生产作业，再由团队的成员去开分店。

团队在参加校园创意梦想竞赛时，是以"Sunny 手工点心坊"为主题，而后开始邀请可以认同这个事业的同学参加他们的创业团队，成员每周最少见面一次研讨创业构想。营销系的指导教授建议他们以一个故事为主题，因此，他们决定以"Sunny 手工乳酪"为故事主题，这样的构想获得比赛评审委员的肯定，让团队很顺利地获选并加入创业星光班。

参加学校的创业星光班对有心创业的团队帮助很大，学校找的都是在业界有丰富经验的专家帮助指导，经过第一阶段后，团队写好一本创业计划书的初稿，业界讲师会针对写的内容给予反馈，指出缺点，提出修改建议。在第二阶段，团队把创业计划书修改得更好，参加了校外的创业竞赛，虽然没有得到好成绩，但在这过程中，让的创业构想更成熟，也实践了创业的理想，可以在学校女生宿舍餐厅开店，进行手工甜点的生产、制作与销售。

依照创业计划书的战略规划，他们会将创业模式扩散到其他的大专院校，在每所学校找到志同道合、想要创业的学生，与他们的创业伙伴一起，开设新的连锁店。

（资料来源：http://www.facebook.com/groups/love.sunny，有改动）

7.1 创业计划书的内涵

在一份完整的创业计划书（图 7.1）中，必须清楚地回答以下基本问题：

（1）你要做什么（What）？清楚简洁地描述你的产品与服务的名称、特点、优势。

（2）你的市场在哪里（For who and at where）？论证你的产品或者服务向全面的顾客群及特点规模、同类或者相似服务的市场状况以及竞争对手状况、你所拥有的差异性及优势。

（3）你准备和谁一起做（With whom）？阐释你的团队构成、团队技能组成及拥有的基础资源、核心资源。

（4）你准备怎么做（How do）？说明你采用什么生产产品或者提供服务和技术、使用什么的市场方法寻找你的顾客和销售你的产品。

（5）创业第一年的经营状况怎么样（How）？（预先）编制第一年的现金流表、损益表、估计第一年可能会遇到的各种困难和风险。

【相关案例】

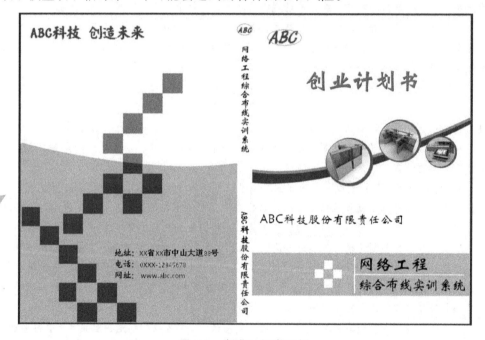

图 7.1 创业计划书示例

一、创业计划书的概念及其作用

1. 创业计划书的定义

创业计划书又称商业计划书，是创业者全面描述计划经营业务的书面资料，通过对创业项目内部和外部因素的调研、分析，全面展示公司和项目目前状况、未来发展潜力及具体实施计划。另外，创业计划书也是创业者开始新事业和其他发展目标的书面材料。

例如，美国许多高科技公司的创业者都是从学校开始的，他们在求学中有了创新的构想，利用自己学习的专业，完成创业的原型，因而把握机会开始创业。通过创业计划书，可以系统地整理团队的创业构想，争取"创投"资金与创业经验的协助，以实现自己的创业梦想。

 知识点拨

当你确定了创业目标并选定了创业项目之后，就必须提出一份完整的创业计划书。创业计划书是整个创业过程的灵魂，在计划书中应详细记载创业的内容。创业计划书除了能让创业者清楚明白自己的创业内容，坚定创业的目标外，还可以兼具说服他人的功用。通过创业计划书，创业者对自己的创业会有比较清晰的认识，甚至可以募得一笔创业基金。

创业计划书的编写一般是按照相对标准的文本格式进行，是全面介绍公司或项目发展前景，阐述产品、市场、竞争、风险及投资收益和融资要求的书面材料。如果有了一份详尽的创业计划书，就好像有了一份业务发展的指示图一样，它会时刻提醒创业者应该注意什么问题，规避什么风险，并在最大程度上帮助创业者获得来自外界的帮助。

2．创业计划书的重要性

每个旅行家都了解要事先详细规划行程，才能降低旅程的风险，让旅途愉快，有丰硕的收获。同样，创业前要多看看相关的企业运作情况，可以找到自己的特色；多听听别人的意见，可以预防问题的发生；多向人请教，可以找到有效解决问题的方法；多比较相关产品与服务，则可以建立自己企业的竞争优势。

多数创业者都是始于一些小的项目投资，为此他们通常都有这样的想法：几万块钱的生意而已，为什么还要长篇大论地去写创业计划书？事实真的如他们所想的那样吗？答案是否定的。

虽然有些创意可能听起来很棒，但是当你把所有的细节和数据都写下来，认真分析的时候就会发现这一项目必定失败。因为写作创业计划书的过程，就是创业者对创业项目进行深刻剖析的过程。

 知识点拨

创业计划书除了可以对项目进行深刻分析外，还能够解决的关键问题就是让合作伙伴知道一起合作的生意是什么，准备要怎么做，发展前景如何等信息。而且，拥有一份优秀的创业计划书，融资之路也会变得宽广很多。此外，创业计划书就相当于一个目录，列举你在考虑创业时可能会面临的问题，从而让你在落实创业计划时不至于丢三落四。

创业计划书有什么作用呢？下面从三个方面进行分析：

1）帮助创业者自我评价，理清思路

大学生在创业融资之前，创业计划书首先是给创业者自己看的。创业者应该对新办的企业以认真的态度对自己所有的资源、已知的市场情况和初步的竞争策略等做尽可能详尽的分析，并提出一个初步的行动计划，通过创业计划书的分析，做到自己心中有数。另外，创业计划书还是创业资金准备和风险分析的必要手段。对新创的风险企业来说，创业计划书的作用尤为重要，一个酝酿中的项目，往往很模糊，通过制订创业计划书，把正反理由都书写下来，然后再逐条推敲，创业者就能对这一项目有更加清晰的认识。

2）帮助创业者凝聚人心，实现有效管理

一份完美的创业计划书可以增强创业者的自信，使创业者明显感到对企业更容易控制、对经营更有把握。因为创业计划提供了企业全部的现状和未来发展的方向，也为企业提供了良好的效益评价体系和管理监控指标。创业计划书使得创业者在创业实践中有章可循。

创业计划书通过描绘新创企业的发展前景和成长潜力，使管理层和员工对企业及个人的未来充满信心，并明确要从事什么项目和活动，从而使大家了解将要充当什么角色，完成什么工作，以及自己是否胜任这些工作。因此，创业计划书对于创业者吸引所需要的人力资源、凝聚人心，具有重要作用。

3）帮助创业者对外宣传，获得融资

创业计划书作为一份全方位的项目计划，它对即将展开的创业项目进行可行性分析的过程，也在向风险投资商、银行、客户和供应商宣传拟建的企业及其经营方式，包括企业的产品、营销、市场及人员、制度、管理等各个方面。创业计划书在一定程度上也是拟建企业对外进行宣传和包装的文件。

知识点拨

一份好的创业计划不但会增强创业者自己的信心，而且会增强风险投资家、合作伙伴、员工、供应商、分销商对创业者的信心。而这些信心，正是企业走向创业成功的基础。

二、创业计划书的内容

撰写创业计划书的目的是向创业团队的成员、创业竞赛的评委、创业项目投资者等提供其所需要的信息，因此，创业计划书的内容必须取决于阅读者与使用者的创业信息的需求。创业计划书的质量，往往会直接影响创业发起人能否找到合作伙伴、获得创业资金及其创业政策的支持。

【知识拓展】

为了达到创业计划书应有的功能，一般来说，创业计划书主要包括执行总结、产品与服务、市场分析、市场营销策略、组织与人力资源管理、生产（项目）运作方案、投资分析、财务评价、风险管理、结论与建议、附录及参考文献等方面的内容。

 7.2 创业计划书的构成要素

创业是个艰难的过程，国内的创业者失败率很高，其中一个重要的原因就是在动手创业之前，没有认真做好一份创业计划书，没有对创业的艰难做出全面的评估。创业计划书的制作过程，其实就是一个创业的模拟过程，来不得半点虚假。

一、执行总结

执行总结作为创业计划书的第一部分，是评委或者投资人最先阅读的部分，是对整个创业计划书精华的浓缩，也是整个创业计划的精髓所在。执行总结旨在引起评委或者投资人的兴趣，有进一步探究项目详细的渴望。创业计划书执行总结应该涵盖该计划书的应有要点，内容力求精练、可信、一目了然。

执行总结主要包括项目概况、项目背景、企业描述、创业团队等。项目概况包括项目名称与企业名称、项目性质（有生产型、服务型、销售型、生产销售型等）、经营范围及经营规模、项目投资与注册资本、正常年销售收入，利润总额与税后利润、投资回收期、计划用工等；项目背景主要描述项目的宏观与微观背景；企业描述主要介绍开办企业的公司简介、企业文化、企业战略等；创业团队介绍创业团队中各成员的教育和工作背景等。

知识链接

执行总结的主要内容如下：
（1）项目概况。
（2）项目背景。
（3）企业描述。
（4）创业团队。

二、产品与服务

在进行投资项目评估时，投资者最关心的问题之一就是，企业的产品、技术与服务能否以及在多大程度上解决现实生活中的问题，或者是企业的产品与服务能否帮助顾客节约开支，增加收入。因此，产品与服务是创业计划书中必不可少的内容。

产品与服务包括内容：创业产品与服务的描述，产品的工作原理、产品结构、产品性能及技术参数，产品与服务的优势，产品的品牌和专利，创新点等。

在产品与服务部分，创业者要对产品与服务做出详细的说明，说明既要准确又要通俗易懂，使不是专业人员的投资者也能明白。一般的产品与服务都要附上产品原型、照片或其他介绍。一般来说，产品与服务还要回答以下问题：

（1）顾客希望企业的产品与服务能解决什么问题，顾客能从企业的产品与服务中获得什么好处？

（2）企业的产品与服务与竞争对手的产品相比有哪些优、缺点，顾客为什么会选择本企业的产品与服务？

（3）企业为自己的产品与服务采取了何种保护措施，企业拥有哪些专利、许可证，或与已申请专利的厂家达成了哪些协议？

（4）为什么企业的产品与服务定价可以使企业产生足够的利润，为什么用户会大批量地购买企业的产品与服务？

（5）企业采用何种方式去改进产品与服务的品质、性能，企业对发展新产品与服务有哪些计划等。

知识点拨

  产品与服务的内容比较具体，企业所做的每一项承诺都是"一笔债"，都要努力去兑现。要牢记，创业者和投资者所建立的是一种长期合作的伙伴关系。空口许诺，只能得意于一时。如果企业不能兑现承诺，不能偿还债务，企业的信誉必然要到极大的损害，因而是真正的创业者所不屑为的。

 知识链接

产品与服务的主要内容如下：
（1）产品与服务描述。
（2）产品原理与结构（如是服务类型的项目，可删除该节）。
（3）产品与服务优势。
（4）品牌与专利。
（5）创新点。

三、市场分析

  市场分析可以协助创业团队找出较佳的市场策略，并确定明确的目标市场，找出潜在的客户及商机。创业者应该对创业项目进行调查研究，对竞争者的市场占有率、销售量、优劣势与绩效有所了解，以便确定价格、品质或创新等因应策略。市场的动态性是经营团队所不可忽视的不确定因素，因此，创业团队还要进一步探讨新技术发明、潜在竞争者可能带来的威胁。

 知识点拨

  当企业要开发一种新产品或向新的市场扩展时，首先就要进行市场分析与预测。如果分析的结果并不乐观，或者预测的可信度让人怀疑，那么对投资者来说，就要承担更大的风险，这对多数风险投资家来说都是不可接受的。

  市场分析首先要对市场需求进行预测，如市场是否存在对这种产品的需求？需求程度是否可以给企业带来所期望的利益？新的市场规模有多大？需求发展的未来趋向及其状态如何？影响需求都有哪些因素？其次，市场预测还要包括对市场竞争的情况，即企业所面对的竞争格局进行分析，如市场中主要的竞争者有哪些？是否存在有利于本企业产品的市场空当？本企业预计的市场占有率是多少？本企业进入市场会引起竞争者怎样的反应，这些反应对企业会有什么影响？等等。

 知识链接

市场分析的主要内容如下：
（1）项目调研。

（2）项目 SWOT 分析。
（3）波特五力模型分析（图 7.2）。
（4）市场定位与目标客户。
（5）商业模式（盈利模式）。

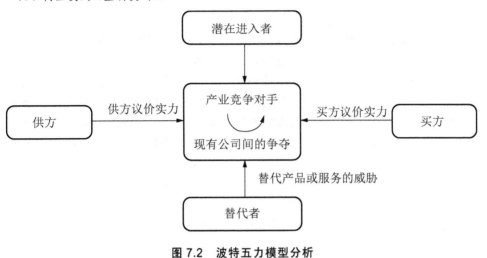

图 7.2　波特五力模型分析

四、市场营销策略

营销策略是企业以顾客需要为出发点，根据经验获得顾客需求量以及购买力的信息、商业界的期望值，有计划地组织各项经营活动，通过相互协调一致的产品策略、价格策略、渠道策略和促销策略，为顾客提供满意的商品和服务而实现企业目标的过程。

美国市场营销专家杰罗姆·麦卡锡教授在人们营销实践的基础上，提出了著名的"4P"营销策略组合理论，即产品（Product）、定价（Price）、渠道（Place）、促销（Promotion），奠定了营销策略组合在市场营销理论中的重要地位。

【知识链接】

对大学生新创企业来说，由于产品和企业的知名度低，很难进入其他企业已经稳定的销售渠道中去。所以企业不得不暂时采取高成本低效益的营销战略，如上门推销，大打商品广告，向批发商和零售商让利，或交给任何愿意经销的企业销售。对企业来说，这一方面可以利用原来的销售渠道，另一方面也可以开发新的销售渠道以适应企业的发展。

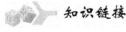

市场营销策略的主要内容如下：
（1）产品特征。
（2）产品价格。
（3）销售渠道。

（4）宣传推广。
（5）市场销售计划。

五、组织与人力资源管理

社会发展到今天，人已经成为最宝贵的资源，这是由人的主动性和创造性决定的。大学生新创的企业，要管理好这种资源，更是要遵循科学的管理原则和方法。

在创业计划书中，必须要对主要管理人员加以阐明，介绍他们所具有的能力、他们在本企业中的职务和责任、他们过去的详细经历及背景。此外，在这部分创业计划书中，还应对公司结构进行简要介绍，包括公司创业什么组织形式、公司的组织机构图（图 7.3）、各部门与各岗位的功能与责任、各部门的负责人及主要成员、公司的薪酬体系及公司的企业工作制度等。

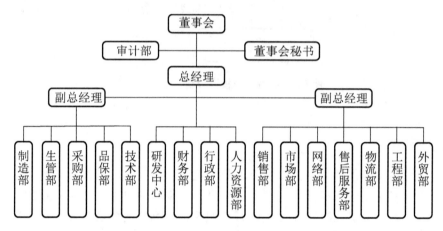

图 7.3　公司组织结构图示例

知识点拨

经验和过去的成功比你的学历更有说服力。如果你准备把一个特别重要的位置留给一个没有经验的人，一定要给出充分的理由。

知识链接

组织与人力资源管理的主要内容如下：
（1）组织结构。
（2）经营团队。
（3）部门/岗位职责。
（4）员工薪酬与培训。
（5）企业工作制度。

六、生产（项目）运作方案

生产（项目）运作方案是创业计划书中的重要组成部分。大学生创业团队在寻找资金的过程中，为了增大企业在投资前的评估价值，创业者应尽量使生产（项目）运作方案更加详细、可行。一般来说，生产（项目）运作方案应介绍以下情况：企业的选址及所需要的厂房或者店铺、项目实施进度情况、主要设备引进与安装情况、工艺生产流程（图 7.4）、原材料的需求量与供应商的情况、产品或者服务的标准、节能减排与安全卫生等情况。

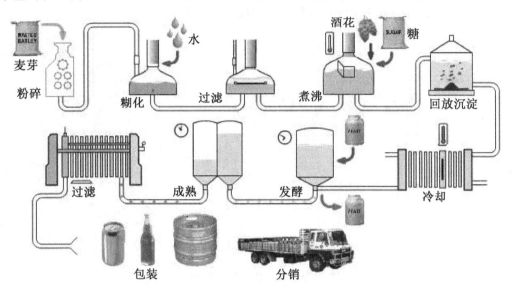

图 7.4　生产工艺流程图示例（啤酒）

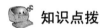

这部分要求以产品与服务为依据，以生产工艺为主线，力求描述准确、合理、可操作性强。

生产（项目）运作方案的主要内容如下：
（1）项目选址。
（2）项目实施进度。
（3）主要设备选型及概算。
（4）生产工艺流程。
（5）主要原材料供应。
（6）产品标准。
（7）节能减排。
（8）安全卫生（如是餐饮行业，特别要写清楚食品安全卫生）。

七、投资分析

创业计划书中的投资分析主要是包括项目投资估算、资金筹措与退出方式。

（1）项目投资估算要根据固定资产投资与折旧、厂房（店铺）租金、开办费用与流动资金的需求，计算出创业项目的总投资，说明注册资本及资本构成。

（2）资金筹措（图7.5）主要说明资金的来源，如创业团队成员投入股本金、银行贷款、吸收风险投资资金等，列出资金投资与使用计划、借款偿还计划等。资金退出方式有管理层回购、股权转让、公开上市、公司解散、公司破产等。

图 7.5　创业资金筹措

 知识点拨

在资金筹措中，应说明以下问题：

（1）说明为保证项目实施，需要的资金是多少，需投资方投入的资金是多少，对外借贷是多少。如果有对外借贷，说明担保措施是什么。

（2）说明拟向外来投资方出让多少权益，计算依据是什么。

（3）说明外来投资方可享有哪些监督和管理权力。

（4）说明外来投资方以何种方式收回投资，具体方式和执行时间。

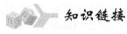 知识链接

投资分析的主要内容如下：

（1）项目投资估算。

（2）资金筹措。

（3）投资使用计划。

（4）退出方式。

八、财务评价

财务评价和企业的生产计划、人力资源计划、营销计划与销售预测等都是密不可分的。财务评价中最重要的是企业的盈亏平衡预测,它表明为补偿所有成本所需要的销售数量。

财务分析(图7.6)中首先要对产品或者服务的生产成本进行计算,如单位产品成本构成、销售单价的确定,先计算出生产总成本,再预测销售收入和税金估算。

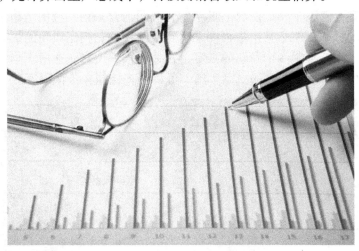

图7.6 财务分析

在财务效益分析中,通过预测未来3~5年的利润表、现金流量表等会计报表,计算出生产期平均销售利润与总投资利润率、销售纳税、企业留利、贷款偿还、净现金流、投资回收期等。

在不确定分析中,进行盈亏平衡分析、敏感性分析。敏感性分析主要考察创业项目的某些不确定因素变化后对内部收益率、净现值及投资回收期的影响,以判断项目承受风险的能力。

 知识点拨

在经济效益分析中,要说明项目总投资、正常生产年销售收入、税前利润、税后利润、年销售利润率、净现值、正常年投资回收期、贷款偿还期。从盈亏平衡分析看,当生产能力达到设计能力的多少时,企业可保本经营;从敏感性分析看,当销售价格降至多少时,企业可不致亏损等。

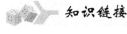

财务评价的主要内容如下:
(1)生产成本与销售收入估算。
(2)财务效益分析。
(3)不确定分析。
(4)经济效益分析。

九、风险管理

风险管理是指如何在项目或者企业一个肯定有风险的环境里,把风险可能造成的不良影响减至最低的管理过程。

(1)风险管理必须识别风险。风险识别是确定何种风险可能会对企业产生影响,最重要的是量化不确定性的程度和每个风险可能造成损失的程度。

(2)风险管理要着眼于风险控制(图 7.7),公司通常采用积极的措施来控制风险。通过降低其损失发生的概率,缩小其损失程度来达到控制目的。控制风险的最有效方法就是制定切实可行的应急方案,编制多个备选的方案,在最大限度上对企业所面临的风险做好充分的准备。当风险发生后,按照预先的方案实施,可将损失控制在最低限度。

图 7.7 风险控制

(3)风险管理要学会规避风险。在既定目标不变的情况下,改变方案的实施路径,从根本上消除特定的风险因素。例如,设立现代激励机制、培训方案、做好人才备份工作等,可以降低员工流失的风险。

知识点拨

市场瞬息万变,竞争激烈,不确定的经营风险是创业项目投资经营前期所要考虑周全的一个重要因素,它主要包括行业风险、政策风险、市场风险、技术风险、资金风险、环境风险、供应商的风险、研发风险、生产不确定性风险、成本控制风险、竞争风险、策略风险、财务风险、管理风险和破产风险等。创业者要根据自己的项目来分析可能遇到的各种风险,以及在一些风险问题上将如何应对。

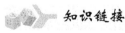

风险管理的主要内容如下:
(1)投资风险。
(2)风险的规避。

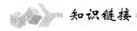

创业项目的投资风险与规避

1. 项目的投资风险

1)供应商风险

由于创业者的项目处在下游,需要上游的提供商提供原材料,所以上游资源供应商的信誉度和诚信度将直接影响创业者产品的生产规模和生产周期,间接影响创业者的销售量。例如,上游厂家的信誉不确定、供货不及时,造成创业者短缺原材料而无法投产。

2)管理风险

大学生创业对公司的管理还没有先进的管理模式和经验,需要创业者不断探索出符合公司和行业特点的管理模式。另外,大学生组成的管理层缺乏一定的管理水平,对公司运营产生各方面的负面影响。

3)市场风险

新技术、新产品推出后,消费者在使用新技术时往往会持观望态度,也并将有一个认识过程,在此情况下,面对市场竞争激烈的危险,企业如何占领市场份额,并最终实现经营目标是企业必须认真对待的重大问题。

4)人才风险

随着项目建成后产品再生产与扩大再生产,对技术、管理、资本运营方面的高级人才将会有持续的需求。若不能挖掘到合适的人才,留得住人才,能否保持人才结构的稳定与优化也存在一定的风险。

2. 投资风险的规避

1)供应商风险的规避

进一步加强与科研单位、企业的合作,主动与其他供应商建立良好的协作关系,以诚待人,使供求双方达到共赢。在合作伙伴选择上,真正选择具有良好信誉、高尚商业道德和对产业能够实现强强联合的单位部门作为项目建设合作单位。

2)管理风险的规避

公司在生产经营时,要结合公司的特点,探索一套适合自己的管理模式。同时,应加强企业组织机构建设,完善监督制约机制,建立具有充分弹性、敏感性和适应性的组织机构。另外,通过培训提高大学生管理者的自身素质,切实使大学生管理人员掌握先进的管理知识和现代科学技术,培养创新意识。

3)市场风险的规避

(1)根据创业项目所具有的市场,要保证产品的技术先进性,以先进的技术,优质的产品和服务,创立公司的品牌,从而占领市场。

(2)与其他公司建立合作发展联盟,充分利用"互联网+"技术,迅速将先进技术和产品推广应用,产生经济效益。

4)人才风险的规避

(1)公司在公司发展的同时,为员工的发展提供良好的平台和机会,努力做到事业留人、待遇留人、感情留人,为企业的高速发展奠定坚定的基石。

(2)公司对高级管理人员和高级技术人员采用期股和期权的方式进行激励,使员工的利益和公司的发展紧密结合。

十、结论与建议

结论是从一定的前提推论得到的结果,对事物做出的总结性判断。创业计划书的结论可以从创业项目实施后产生的经济效益的结论,对社会发展、环境保护、解决就业问题等产生的社会效益的结论,提高我国先进技术水平、促进科研成果产业化等方面的结论,以及该项目是否可行等方面来概况。

建议是指针对一个人或一件事的客观存在,提出自己的见解或意见,使其具备一定的改革和改良的条件,使其向着更加良好的、积极的方面去完善和发展。

 知识点拨

创业计划书的建议可以从对政府提出扶持大学生创业的政策、资金、环境等方面的建议,对学校提出创业经营场地、创业孵化、创业资金资助等方面的建议,对自己创业项目提出在管理、技术、人员、销售、运作等方面的建议。

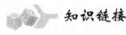

结论与建议的主要内容如下:
(1)主要结论。
(2)建议。

十一、附录

附录是指附在正文后面与正文有关的文章或参考资料,主要用于由于篇幅过大或取材于复制品而不便编入正文的材料,如某些重要的原始数据(文件)、会计报表、图片等。

十二、参考文献

参考文献是指为撰写或编辑论文和著作而引用的有关文献信息资源。曾引过的文献在注释中已注明,不再出现于文后参考文献中。

【知识拓展】

 **课堂阅读 7.1**

大学生创业竞赛与风险投资

大学生创业计划竞赛不是普通意义上的大学生的专业比赛。创业计划竞赛不是单纯的、个人的、集中在某一个专业的学生竞赛,而是以实际技术为背景,跨学科的优势互补的团队之间的综合较量。竞赛的意义也不局限于大学校园,从某种程度而言,创业计划竞赛是高等院校与现实社会和大学生与企业之间的互动与沟通。

创业计划竞赛是借用风险投资的实际运作模式,要求参赛者组成优势互补的竞赛小组,提出一个具有市场前景的技术产品或者服务,围绕这一产品与服务,以"获得风险投资家的投资"为目的,通过深入研究和广泛的市场调查,完成一份完整、具体、深入的商业计划。目前,美国已有包括麻省理工学院、斯坦福大学等 10 多所世界一流的大学每年举办这一竞赛，Yahoo！等公司就是在斯坦福校园里的创业氛围中诞生的。

创业计划竞赛与风险投资紧密相关。风险投资在美国出现于第二次世界大战之后，举世闻名的硅谷就是风险投资的诞生地，风险投资和硅谷的高技术产业创业者们，和苹果公司、英特尔公司及太阳微处理系统公司一起成长。

Yahoo！公司便是一个风险投资的范例。当初杨致远凭着他对网络搜索引擎的构想赢得了 400 万美元的投资，短短几年他的公司创造出近 70 亿美元的市场价值，投资回报率达几百倍。

高科技与新兴服务企业的发展具有高风险、高投入的特点，这就决定了谨慎的传统投资模式已不可能为其提供充足的资本，于是风险投资应运而生。由于高科技产业存在技术风险、市场风险、管理风险，所以投资家不得不对每一项投资慎之又慎。这就要求创业者在商业计划中对市场做出最清晰的分析，对产品的需求做出最准确的预测，对未来企业的管理做出最周密的筹划，对投资的收益做出最可信的阐释。投资者也往往通过创业者提交的创业计划来了解和考察创业者，从一定意义上讲，创业计划是创业者创业起步的通行证。

美国硅谷之所以闻名于世，是因为那里有世界上最好的进行高科技创业的环境。一个年轻人如果有一个前景良好的高技术产品，只需准备好一份优秀的商业计划，到创业投资公司游说一番，就会吸引到嗅觉十分灵敏的专门从事高技术风险投资的投资家们。他们会接踵而来，对这份创业计划进行全面深入的评估，一旦认定这份计划具有投资价值，这家第一天还一无所有的公司第二天就可以开始营业了。不仅世界上很多国家在效仿硅谷，美国许多地方也希望塑造本地的"硅谷"，但都没有取得硅谷这样的成就，最重要的原因恐怕就是整个硅谷得天独厚的优良环境——优秀的大学、优秀的创业者、优秀的投资家、优秀的创业环境。

（资料来源：根据网络资料整理）

7.3 创业计划书的撰写方法

对于大学生创业者来说，撰写一份好的创业计划书很重要。创业计划书的内容应真实科学地反映项目的投资价值。一般来说，项目规模越庞大，创业计划书的篇幅也就越长；如果新创企业的业务单一，则可简洁一些。新创企业撰写创业计划书的主要目的之一就是为了筹集资金。因此，创业计划书必须要说明创办企业的目的是什么——为什么要冒风险，花精力、时间、资源、资金去创办风险企业？创办企业需要多少资金？为什么需要这么多的资金？为什么投资人值得要为此注入资金？

 知识点拨

对已建的风险企业来说的话，创业计划书可以为企业的发展定下相对具体的方向和重点，从而使员工深刻了解企业的经营目标，并激励他们一起为共同的目标而努力。更重要的一点，它可以使企业出资者和供应商、销售商等了解企业经营状况和经营目标，说服出资者（原有的或新来的）为企业的进一步发展提供需要的资金。

一、创业计划书的书写内容

那些既不能给投资者以充分的信息，也不能使投资者激动起来的创业计划书，其最终结果只能是被扔进垃圾箱里。为了确保创业计划书能"击中目标",创业者应注意以下几点。

1. 关注企业产品

在创业计划书中,应该提供所有与企业的产品或服务相关的细节,包括企业所实施的所有统计调查。这些问题包括:产品正处于哪个的发展阶段?它的独特性如何?企业销售产品的方法是什么?企业的产品的目标对象是哪类,为什么?产品的生产成本是多少钱,售价定为多少?企业发展现代化新产品的计划是什么?把出资者拉到企业的产品或服务中来,这么做出资者就会和创业者一样对产品感兴趣。在创业计划书之中,创业者应用简单的词语来描述每件事——商品和其属性的定义。

知识点拨

制订创业计划书的目的不仅是要出资者相信企业的产品,会在世界上产生巨大革命性的影响,同时也要使他们相信企业有证明它的论据。创业计划书中对产品的阐述,要让出资者感受到:"噢,这种产品是如此美妙、多么令人鼓舞啊!"

2. 敢于竞争

在创业计划书中,创业者应细致分析竞争对手的情况:竞争对手都是谁?他们的产品是如何工作的?竞争对手的产品与本企业的产品相比,有哪些相同点和不同点?竞争对手所采用的营销策略是什么?要明确每个竞争者的销售额,毛利润、收入及市场份额,然后再讨论本企业相对于每个竞争者所具有的竞争优势,并向投资者展示顾客偏爱本企业的原因有本企业的产品质量好、送货迅速、定位适中、价格合适等。

知识点拨

创业计划书要使它的读者相信,本企业不仅是行业中的有力竞争者,而且将来还会是确定行业标准的领先者。在创业计划书中,企业家还应阐明竞争者给本企业带来的风险及本企业所采取的对策。

3. 了解市场

创业计划书要给投资者提供企业对目标市场的深入分析和理解。要细致分析经济、地理、职业和心理等因素对消费者选择购买本企业产品这一行为的影响,以及各个因素所起的作用。创业计划书中还应包括一个主要的营销计划,计划中应列出本企业打算开展广告、促销及公共关系活动的地区,明确每一项活动的预算和收益。创业计划书中还应简述一下企业的销售战略:企业是使用外面的销售代表还是使用内部职员?企业是使用转卖商、分销商还是特许商?企业将提供何种类型的销售培训?此外,创业计划书还应特别关注一下销售中的细节问题。

4. 表明行动的方针

企业的行动计划应该是无懈可击的。创业计划书中应该明确:企业是如何把产品推向市场?如何设计生产线,如何组装产品?企业生产需要哪些原料?企业拥有那些生产资源,还需要什么生产资源?生产和设备的成本是多少?企业是买设备还是租设备?解释与产品组装、储存及发送有关的固定成本和变动成本的情况。

5. 展示你的管理队伍

把一个思想转化为一个成功的风险企业,其关键的因素就是要有一支强有力的管理队伍。这支队伍的成员必须有较高的专业技术知识、管理才能和多年工作经验,要给投资者这样一种感觉:"看,这支队伍里都有谁!如果这个公司是一支足球队的话,他们就会一直杀入世界杯决赛。"管理者的职能就是计划、组织、控制和指导公司实现目标的行动。在创业计划书中,应首先描述一下整个管理队伍及其职责,再分别介绍每位管理人员的特殊才能、特点和造诣,细致描述每个管理者将对公司所做的贡献。创业计划书中还应明确管理目标及组织机构图。

6. 出色的计划摘要

创业计划书中的计划摘要也十分重要。它必须能让读者有兴趣并渴望得到更多的信息,给读者留下长久的印象。计划摘要将是创业者所写的最后一部分内容,但却是出资者首先要看的内容,它将从计划中摘录出与筹集资金最相关的细节,包括:公司内部的基本情况、公司的能力及局限性、公司的竞争对手、营销和财务战略、公司的管理队伍等情况的生动的概括。

 知识点拨

如果公司是一本书,摘要就像是这本书的封面,做得好就可以把投资者吸引住。它会使风险投资家有这样的印象:"这个公司将会成为行业中的巨人,我已等不及要去读计划的其余部分了。"

二、撰写创业计划书的技巧

撰写创业计划书,要根据阅读计划的对象而有所不同,是要参加创业大赛,写给评委看的,还是要去银行贷款用的,或者是写给投资者看呢?从不同的目的来写,计划书的重点也会有所不同。就像盖房子之前要画一个蓝图,才知道第一步要做什么,第二步要做什么,或是同步要做些什么,别人也才知道你想要做什么。而且大环境和创业的条件都会变动,事业经营也不只两三年,有份计划书在手上,当环境条件变动时,就可以逐项修改,不断地更新。

【相关视频】

 知识链接

创业计划书不可缺少的六个内容

不管创业计划书有多少种,它一定有个规范,有一定的章节,有一定不能缺少的内容,在这里介绍六个应有的内容。

(1)计划书要写得让别人可以很快地知道要卖的是什么。

(2)有了卖的东西以后,接下来是要卖给谁,谁是顾客,顾客的范围在哪里要很明确。比如说，认为所有的女人都是顾客，那是50岁以上的女人也能用的东西吗？5岁以下的也是客户吗？

（3）竞争者。自己卖的东西有没有人卖过？如果有人卖过是在哪里？有没有其他的东西可以取代？这些竞争者与自己的竞争的关系是直接的还是间接的？

（4）能力。要卖的东西自己会不会、懂不懂？譬如说开餐馆，如果师傅不做了找不到人，自己会不会炒菜？如果自己没有这个能力，至少合伙人要会做，再不然也要有鉴赏的能力，否则最好是不要做。

（5）资本。资本可能是现金，可以是资产，也可以是换成现金的东西。资本在哪里，有多少，自有部分有多少，可以借贷的有多少，这些要很清楚。

（6）永续经营。当事业做得不错时，将来的计划是什么？

三、创业计划书的检查与修改

创业计划书的检查和修改，是编制创业计划书的一个重要步骤。检查和修改的过程是对创业计划书进行提升和提炼的过程，是进一步清理创业思路的过程，也是一个进一步夯实创业准备工作的过程。

在创业计划书写完之后，通常可以从三个方面对创业计划书加以检查和修改。

1. 进行格式上的检查

创业计划书的主体格式尽管并不固定，但是其主要的内容、主要的纲目却是必需的、不可或缺的。对创业计划书封面的要求也是非常规范和严格的。在封面上除了应该写明项目名称和项目编制人（或单位）之外，还应该标明版本及保密级别。版本表示计划书的修改情况，保密情况反映创业项目的安排、战略策划和整体设想的保密情况。因为相当一批跨国风险投资商，是不希望创业计划书成为公知性计划书的。

知识点拨

国内许多大学开展创业计划书比赛，对创业计划书完全进行公开宣读和公开评议，这对鼓动大家的创业热情是必要的。但是，真正的创业计划书是保密的，是不能把自己的商业秘密在没进行实践以前公开的。

2. 进行文字上的检查

创业计划书应该是创业者真实的、完整的、准确的意思表示。因此，创业计划书中的用词、用字、标点和相关的数字计算都要十分准确。应尽量用简单而准确的词语来描述每件事、每一商品及其属性，段落要清晰阐述问题的逻辑层次要清楚，该用图表说明的地方应该用图表说明。

3. 进行内容上的检查

内容上的检查是检查的重点，也是修改的基础。内容的检查分两个层次，一个是通盘检查（也叫整体检查），另一个是重点检查。正确的做法是：在整体检查的基础上进行重点检查；在重点检查并进行重点修改后，再进行通盘检查并定稿。

创业计划书内容检查的要点是，你的创业计划书是否能准确地阐明你的创业思路，表达清楚你对该商业模式的运作想法和开拓市场的方法。例如，检查你的创业计划书是否显示出你具有管理公司的才能；如果你自己缺乏管理能力，那么你是否聘请了有经验的管理精英或取得了具有相应管理能力的团队骨干的支持。你的创业计划书是否显示了你具有迎接风险、偿还借款的能力；是否能够给预期的投资者提供一份完整的、实在的、恰当的分析。你的创业计划书是否能显示出你已进行了认真的市场分析；要让投资者或加盟者能够感受到你在计划书中阐明的市场需求不仅是确实的，而且是有潜力的。你的创业计划书是否有计划总结（摘要），并把它放在了最前面；计划总结（摘要）是否写得既简明扼要又重点突出，具有说服力和吸引力。如果你的创业研发工作已经取得了一定的进展，你还可准备一件模型或照片；但这种实物资料只是用来进一步说明你的创业计划书中的可行性（应该注意的是，在这些实物和照片资料中不应暴露你的核心商业机密）。

7.4 创业计划书的评价

在完成创业计划书之后，创业者要对计划书进行全面的检查，并进行换位思考。例如，把自己转换为评委或者投资人的角色，或者是站在第三者的视角评审一下该计划书能够准确回答评委或者投资人的疑问，争取得到评委的高分，或者是增强投资人的对该项目的信心。检查创业计划书可以从创业计划书自评标准的视角来进行。

 知识点拨

由于大学生创业所选择的产品与服务的不同，创业环境的优劣、创业人员能力的差异等区别，所以要对一个创业计划书的优劣进行评价是一件非常困难的事情。目前，创业大赛的评审者和投资人员多采用量化打分制，来评定创业计划书之间的差异。

 知识链接

创业计划书的自评标准

参考以往比赛和专家的经验，提供以下创业计划书的评价内容供同学们对自己的创业计划书进行自评。

1. 执行总结

评价标准：简明、扼要、具有鲜明的特色；指出企业新理念的形成过程和企业发展目标的展望；介绍创业团队的特殊性和优势等。

2. 产品与服务

评价标准：说明产品的特点和创新点，如何满足关键用户需要；指出产品与服务目前的水平是否处于领先地位，是否适应市场的需求，能否实现产业化。

3. 市场分析

评价标准：市场调查和分析应当严密科学，是否运用理论模型对市场与竞争进行分析。

4. 营销策略

评价标准：经过市场营销策略的分析，制订有效的市场营销计划。

5. 组织与人力资源管理管理

评价标准：明确公司组织结构，各成员的管理分工和互补情况，以及建立薪酬体系情况。

6. 生产（项目）运作方案

评价标准：这部分要求以产品与服务为依据，以生产工艺为主线，力求描述准确、合理、可操作性强。

7. 投资分析

评价标准：主要投资人的持股情况，指出企业股份比例的划分。

8. 财务分析

评价标准：财务分析包含利润表、现金流量表、盈亏平衡点分析、敏感性分析等。

9. 风险管理

评价标准：应对公司运营过程中可能遇到的财务、市场、技术、政策及管理体制等方面的风险进行识别，并简要描述分析的规避和防范措施。

10. 结论与建议

评价标准：条理清晰；表述应避免冗余，力求简洁、清晰、重点突出、条理分明；专业语言的运用要准确和适度；相关数据科学、诚信、翔实；计划书总体效果好。

7.5 创业计划书的演讲

创业计划书无论是参加学校组织的创新创业大赛，还是用于争取投资人的投资，充满信心地向倾听者做出精彩的创业计划书演讲，引起评委、投资人的兴趣，都是非常重要的。只有这样，创业者达到为之努力的目标才会更进一步；否则，创业者的目标实现就会受到影响，希望实现创业的梦想进度就会暂时受阻，参加竞赛获奖的机会也可能会失去。

一、演讲的准备

1. 准备演讲

日常生活和工作中很少需要人们进行口头演讲，所以精心的准备和适当的锻炼，是创业计划书演讲环节最终能否成功的关键。

（1）需要考虑如何着手准备这项任务，以及如何进行一次精彩的商业计划书演讲。创业者怎样向他人展示自己，以及与演讲对象的互动方式与计划书本身一样重要。当创业者向别人推荐者自己的计划时，演讲对象不仅仅关注创业者的计划书，更关注创业者和他的团队。创业者怎样推荐自己，面部表情如何，PPT 是否清晰，怎样应对困难问题及其他一些特征，对于演讲对象来说，都是评判创业者是否是一个有效经营者的线索。

（2）反复练习演讲也同样重要。许多有经验的创业者在同事和其他观众面前反复练习，以期准确控制演讲的时间和获得大家有用的反馈。观摩别人的演讲也是个好办法，从中能总结出一些成功和失败的经验。在许多领域都有创业计划竞赛，如果条件允许最好能亲临比赛现场。网络上也有许多演讲的资源，如许多首次公开募股的公司都要对他们的投资银行进行一次"巡回推荐"，大家可以多去观看学习一下。

（3）创业者要尽可能地了解演讲场地的情况。如果创业者要在一个小会议厅演讲，通常不需要做过多的调整；但如果创业者要置身于一个较大的舞台，面对更多的观众，类似于一个创业计划书竞赛的最后角逐关头，就需要扩大 PPT 字体，或设计更新颖的方法向更多的观众演示。

2. 演讲步骤

（1）决定由谁来完成演讲。如果是单独创业，很显然演讲将由自己独立完成。如果是一个团队，就必须决定到底由哪些成员参与演讲，这个问题需要一定的判断力，但有充分的理由让更多的团队成员参与进来。如果整个团队都参与了演讲并且进展十分顺利，说明这个团队成员之间合作良好，没有任何一个人因作用过于重要而成为焦点。这样可以激起听众的兴趣与注意力，使得演讲节奏变化有致，也使得听众对每一个参与演讲的人都有所了解。

（2）考虑如何精心准备 PPT 及口头描述。这部分是许多演讲者，无论单独或群体演讲容易失误的地方。PPT 并不是要代替创业者向人们展示创业计划，创业者和他的团队才是关键。PPT 的作用只是提供一个总的框架以及强调创业者发言内容的重点，这点通常很难做到。因为人们常常为了听众方便把 PPT 做得尽可能详细，但这是个误区。PPT 内容应简明扼要，只包含主要标题和一些解释性语句。观众应该把大部分时间花在听演讲而非阅读 PPT 上。只有当 PPT 需要人工审阅而非用来做演讲时例外，这时 PPT 要制作得尽可能详细，必须涵盖整个创业计划内容。

（3）使演讲生动有趣、充满激情（根据场合做到恰到好处）。即使面对一个再有潜力的创业机会，也没有人愿意去听一个枯燥乏味的演讲。此外，创业者需要与观众进行交流互动。为了达到这一点，提供一些小技巧：介绍一下个人经历或趣闻轶事；保持幽默；通过手势和激昂的语调显示自己的热情；在关键点介绍时邀几名观众辅助参与；展示产品的样品；等等。

 知识点拨

创业计划书演讲时有一个重要的指导思想需要明确，那就是不仅仅要向观众传达信息，关键是要感染鼓舞他们。既可以以明显的方式，也可以在不知不觉中感染他们，比如通过介绍个人经历或传奇轶事向观众表明为什么创业者认为自己的事业如此重要，并全身心致力于它的成功。只要能和创业机会有机联系起来，这些个人经历或传奇轶事经常能使观众产生共鸣。

二、演讲的技巧

演讲的内容是一次精彩的创业计划书演讲的一个决定因素。如果演讲的内容考虑欠妥或是遗失了一些关键要点，那么创业者的演讲将很难取得成功。

【相关视频】

 知识点拨

创业者在创业阶段都是热血沸腾的，对自己的项目充满了热情，尤其是对自己的技术优势感到非常自信。而且，他们也很希望别人能够理解自己的技术，这也是某种换位思考的做法，本来是好事，但是由于对投资者的经验和考虑方法缺乏了解，所以导致这种"换位思考"没有换对位置。创业者必须预先确定观众关心的敏感问题，然后依此组织演讲内容。对于风险投资者来说，他们关注的是企业的发展速度及预期收益率；而对于银行家来说，他们关注的往往是企业的现金流是否可以预测以及如何最大限度地降低风险。

许多商务演讲的专家学者都给出过一些创业计划书演讲的模板。这些模板清楚地说明了幻灯片的数目、顺序及每页所涵盖的内容。虽然在不同的演讲者之间可能有所差异，但一场20~30分钟的创业计划书演讲应包含的内容大体上并无多大差别。接下来的演示是集合不同方法的一个公用范例，必须根据计划书的内容和要演讲的观众进行调整，采用合适的方法。显然，不可能在一份25~35页的创业计划书或一场20~30分钟的演讲中传递所有的信息，所以必须把重点放在观众认为最重要的部分。

例如，一些日常接触许多创业者及他们的创业计划书和演示的风险投资者，建议在准备创业计划书PPT的时候应该遵循"10/20/30法则"。具体而言就是：创业计划书PPT不超过10页，演讲创业计划书PPT时间不超过20分钟，演示创业计划书PPT使用的字体的字号应不小于30号。

 知识链接

10/20/30法则

10页：不要用很多的内容来使你的创业计划书PPT显得很充实，10页足矣，太多的内容容易让人无法记住重点。而如果你是写给风险投资者，建议可以写10个要点，即问题、你的解决方案、商业模式、关键技术、市场推广计划、竞争、团队、业务预测及里程碑、现状及时间表、总结。

20分钟：虽然创业者可能有1个小时的时间，但安装投影可能就需要很长时间，而观众又可能会迟到，可能会早退，何况与听众的互动与问答时间非常重要，所以只说20分钟是个明智的选择，而且听众往往对于超过20分钟的创业计划书PPT演讲会分心和感到厌倦。

30号字：选用30号字的话，在一页创业计划书PPT里可放不下多少字。不过使用大字体写更少的内容除了能够让听众看得更清晰之外，更能够让你认真思考自己需要写出来的主要观点是什么，并能够更好地围绕这个关键点进行阐述和解释。

"10/20/30法则"用一个词来概括就是"简洁"，只是大多数的人都会觉得写得越多，内容越丰富，看起来就越有力。其实不然，在演讲的时候，可以将更丰富的数据、论据等内容作为创业计划书PPT的附件，而让正文变得直接和简洁。

创业指导

（1）创业是一种实践活动，除了必需的理论知识之外，创业素质的提升离不开实践过程中能力的锻炼与经验的积累。想创业的大学生一定要充分利用一起可以利用的平台和载体，尤其是在撰写创业计划书的过程中检验、磨炼自己。

（2）学生创业小组可尝试编制创业计划书，使自己对于创业计划书的作用、基本内容结构、编写所需信息、编写过程要求，以及创业计划书的评价等有所掌握，进而实际完成创业计划书的编写过程，切实把握创业计划书的撰写、评价与演讲技巧，感知创业者的不凡创业历程。

拓展与思考

成功创业"五步曲"

大学生有自己的创业梦想,但是盲目跟风创业,并不一定能给你带来想要的结果。如何才能成功创业?下面的创业"五步曲"或许能给你带来更多的启发。

(1) 如何获取成功创业之资金? 创业最难就是启动资金的问题了,这也是每个想创业的人最难解决的问题。没有资金不要谈创业,"空手套白狼"很显然不适合现在这个社会。所以在想创业时,一定要考虑自己的资金是不是能够支持创业初期的一段时间。

(2) 如何组建成功创业之团队? 创业与成功从来不是一个人的事情,一个人创业叫单干,团队创业才叫企业。创业之前应先组建好你的团队再开始创业。

(3) 如何开拓成功创业之人脉? 无论多大的企业都离不开人脉这个关系网。如果想创业,但是自己没有一点人脉关系网,可以断定这个创业是失败的。而且,创业初期大部人业务肯定都会在人脉里面产生,否则就只有等着"喝西北风"了。

(4) 如何组织成功创业之策划? 一个团队想创业肯定不是心血来潮,而是通过大量的实践验证和想法来开始策划的。所以在创业之前写好策划文案,再来创业实施是非常有必要的。

(5) 如何得到成功创业之支持? 在创业之前肯定要和父母、亲戚朋友说明情况,获得他们的支持,而且可以调动他们的人脉关系和向他们筹集相对应的启动资金;否则,自己做起来会很累,甚至会感觉怎么做都是错的。

思 考 题

(1) 如何才能写出一份好的创业计划书?
(2) 对于创业计划书的撰写,团队成员应如何分工协作?
(3) 在进行财务分析前,创业者应该先找哪些资料?

创业实践活动 4

尝试撰写创业计划书

【活动目的】
通过开展撰写创业计划书活动,使学生掌握创业计划书的基本内容、编写所需信息、编写过程要求与团队合作精神。

【活动内容】
每个创业小组,根据自己选择的创业项目,撰写一份创业计划书。

【活动要求】
(1) 组织创业小组成员开展项目的调研。
(2) 创业小组各成员分工协作,分别撰写各章节。
(3) 各章节完成后,由项目负责人进行通稿、修改。
(4) 召开小组成员研讨会,进一步完善创业计划书。

【活动成果】

各小组上交一份创业计划书。

【活动评价】

每个创业小组根据创业计划书评审的内容，抽签选择一个创业小组的创业计划书，组织开展交换互评。每个评审小组要提出三条以上的修改建议，并对创业计划书进行评价打分。

召开创业项目模拟答辩会

【活动目的】

通过组织召开创业计划模拟答辩会，使学生了解创业项目竞赛答辩会的各项流程，学会"换位思考"，掌握答辩时的演讲技巧，以及回答问题的思考能力。

【活动内容】

组织召开创业计划书模拟答辩会。

【活动要求】

（1）由每个创业小组派一名学生参加创业计划书模拟答辩评审小组，选举一人为评审小组组长，负责组织答辩各项工作。

（2）各创业小组参加创业项目的答辩。

（3）答辩内容：参照"挑战杯"决赛答辩评价标准。

（4）答辩方式：正式陈述、回答问题。

（5）答辩时间：15分钟。

【活动成果】

通过创业计划书答辩。

【活动评价】

答辩成绩（总分100分）：评审组评分（70%）+教师评价（30%）。

第 8 章

创业前的准备

要永远相信：当所有人都冲进去的时候赶紧出来，所有人都不玩了再冲进去。

——长江实业集团有限公司董事局主席　李嘉诚

【相关视频】

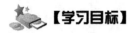【学习目标】

知 识 目 标	能 力 目 标
（1）了解创业前的思想、知识、能力的准备工作。 （2）掌握创业的基本流程。 （3）掌握抓住创业的机遇与创业风险防范的方法	能够按照创业流程做好创业准备工作

【导入案例】

李嘉诚精诚创业

李嘉诚于 1950 年创办长江塑胶厂，发展到今天拥有一个多元化业务的商业"帝国"不是偶然的。他在创立塑胶厂时，就全身心投入，除了做企业的管理外，还承担了设计、推销、采购等多种职能，勤奋刻苦优于常人。

但真正让他事业发展壮大的，是他深谙小型企业的发展之道：找到独特的市场定位；诚信无欺，迎难而上；知人善用；不断累积企业声誉，赢得更大的发展契机。

他开办长江塑胶厂时，主要生产塑胶玩具和塑胶日用品，与当时其他业内企业并无明显的差异。为了使企业赢得更大的发展，他日夜思索，发现了塑胶花的商机。于是赴意大利参观塑胶花工厂，并应聘进入工厂学习塑胶花的生产、制造工艺。

回国后，他确定塑胶花为公司业务主攻方向，召集业务骨干在一个多月内开发出适合东方人审美标准塑胶花，并以低廉的价格快速上市，迅速占领了塑胶花市场。

长江塑胶厂开发的塑胶花，款式新颖，价格便宜，因此接到了大量订单，但也遭遇扩张时通常遇到的资金短缺的困难。

某欧洲客户希望大量订购塑胶花，准备预付订金，但希望李嘉诚提供有实力的公司或个人担保，保证产品可以按时供货。他遍寻亲友、银行，都没有获得担保。但他没有放弃，与设计师连夜奋战，设计出了 9 款新样品，提供给客户选择。欧洲客户非常满意他们的产品，在获知李嘉诚没有财务担保后，依然对他说："你的真诚和信用，就是最好的担保。"

（资料来源：世界经理人网站，www.ceconlinebbs.com/F，2015.8.6，有改动）

 8.1 创业前的准备工作

【知识拓展】

创业是靠自己的能力来撑起自己的一片天空。创业是许多人的梦想，是自己雄心壮志的体现，是大展身手的机会，也是扬名立万的机遇。所以，创业前的各项准备工作是不能缺少的。创业前，首先应该做好创业的思想准备、知识准备与创业能力准备。

一、创业的思想准备

1. 具有创业意识

创业意识是创业思想准备的重要组成部分,包括创业动机、创业兴趣和创业理想等。

创业动机是推动创业者从事创业实践活动的内部动因,有了创业动机,才会有创业行为。创业兴趣是创业者对从事创业实践活动的情绪和态度的认识指向性,它能激活创业者的深厚情感和坚强意志,能使创业意识得到进一步升华。创业理想是创业者对从事创业实践活动的未来奋斗目标有较为稳定和持久追求的心理品质。创业理想是创业意识的高级形式,有了创业理想,就意味着创业者的创业意识已经基本形成。

2. 具备创业者特质

创业者作为企业经营管理决策人员,应有坚定的信念、坚韧的精神、必胜的信心和充沛的精力等。创业者必须敢于创新。没有创新精神,不敢冒风险,就谈不上开拓。只有敢于试验,才能走出新路,干出新事业。

创业者必须充分显示自己的个性。创业者最重要的内在素质,归结到一点,就是个性。个性特征包括主动性、洞察力、疑问性、独创性、自信心、严密性和勇气等。创业者经营时必须有战略眼光,能够根据外部环境的变化迅速做出决策;创业者也是宣传鼓动家,要善于广泛地传播自己的企业文化,提高企业的知名度。

3. 创业者应克服的八大心理障碍

创业者刚刚投入创业的历程时,很容易产生一些错误的看法和心态,缺少正视创业风险的正常心态,一些必要素质的缺乏也容易使创业遭受挫折。这些心态可以总结为以下八个因素:

【相关视频】

(1)没有承受风险的能力。如果你所需要的仅仅是安全、有保障,那么继续做你的工作,不要再胡思乱想开家公司。

(2)混淆了兴趣与特长。如果你只是喜欢修车或看书,这并不意味着你一定要开一家汽车修理厂或书店。兴趣只是你开办公司的第一步,要想成功,你所做的还有许多,你必须要掌握开办公司的一切程序。

(3)不善于应付复杂的场面。每个公司的创办之初都是乱糟糟的,每天都有许多变故发生,你对任何事件都毫无把握,事情并非都如自己所预料的那样发展,要应付不断发生的变化,创业者需要较强的应对能力。

(4)厌烦你现在的工作。对目前工作的厌烦常常是驱使人们开办公司的一股重要动力,但那是一个错误的理由,热情充其量只能充当你经营之车的润滑油。

(5)认为自己有一个全新的创意。这很可能是一种危险的想法。发明一种独一无二的产品或服务并非不可能,但绝大多数情况下,你该明白自己只是在改进现有产品或服务。

(6)你的家庭在对你施加压力。有许多家庭企业的老板会催促自己的下一代开办自己的企业,但家庭压力是一种错误的驱动力。除非你自己真想干,并乐于为其全身心投入，否则你大可不必理会来自外部的压力。要知道，真正的动力来自内心深处。

（7）只是不愿奉别人命令行事。你不必再直接向你的上级汇报了，但你要向其他的许多人，如销售商、供应商，还有投资者汇报，这还不算顾客。

（8）只是想赚笔大钱。不是说赚钱不重要，而是说把赚钱作为目的是错误的。成功的企业家都会告诉你，金钱只是你特别的产品或服务所带给你的回报。热爱你的产品或服务，还有适应市场需求应当是你最关键的动机。

二、创业的知识准备

创业者应具有一定的专业知识和广泛的综合知识，只有这样才能正确分析形势，把握事物发展的全局，提出独到的见解并认清事物的本质，把握其规律，实现创业目标。

创业者应具备相关的商业知识，如商品交换、商品流通知识；要具备一定的专业知识，如战略管理、人力资源管理、财务管理、生产管理、物流管理、市场营销管理、风险管理等；还应具备相关的法律知识，如工商注册登记、经济合同和税务等法律知识。

三、创业的能力准备

对创业者来说，具备各种能力是创业成功的充分条件。因此，创业者开始创业或者创业过程中都必须不断培养和提高其创业能力。这里说的创业能力，可分解为学习能力、创新能力、决策能力、经营管理能力和交往协调能力。

（1）学习能力。学习能力即获取知识的能力，包括对知识的接受、转化和应用。

（2）创新能力。创新是知识经济的主旋律，是企业化解外界风险和取得竞争优势的有效途径，是创业能力的重要组成部分。它取决于创新意识、创造性思维和创造性想象等。

（3）决策能力。决策能力是创业者根据主客观条件，因地制宜，正确地确定创业的发展方向、目标、战略及具体选择实施方案的能力。

（4）经营管理能力。经营管理能力是指对人员、资金的管理能力。它涉及人员的选择、使用、组合和优化，也涉及资金的聚集、核算、分配、使用、流动。经营管理能力是一种较高层次的综合能力，是运筹性能力。

（5）交往协调能力。创业者应该做到妥当处理与外界的关系，求同存异共同协调发展，成功的社会交往是促使创业成功的推进器。创业者还要搞好内外团结才能建立一个有利于自己创业的和谐环境，为成功创业打好基础。

8.2 创业的流程

随着社会的发展，创业成为众多青年人的梦想。但是创业的人很多，成功的人很少，特别是小本创业失败的概率可以说很大。因为人们都想着赚钱，往往操

【相关视频】

之过急,导致出现意外问题没有办法解决,最终导致创业失败。原因就在于,创业前没有考虑好一个完善的创业流程。有好的计划,才会有好的行动,没有计划,也就没有目的,那么创业失败也是很正常的事情。

知识点拨

创业的道路虽然充满曲折和艰辛,但是掌握一些重要的技能则可帮助创业者减少不必要的探索和失败。掌握市场调查的途径和方法,寻找到盈利模式并能看懂财务报表,能将创业构思外化为一份完整的创业计划书,这些基本技能都是创业者,尤其是大学生创业者所必须掌握的。

大学生创业的一般流程如下所述。

1)选择行业与项目

选择一个合适的行业是创业成功的关键,行业的好坏直接影响着你创业成功与否。所以,行业选择需非常慎重,应依据自身条件和市场需求选择感兴趣和熟悉的行业。

俗话说"万事开头难",选择了一个好的项目,创业就成功了一半。这是非常重要的一步,因为这将要关系到你要做什么。大学生创业者可以先把项目选好,然后再进行市场调查,分析其可行性。

2)市场调研

做好市场调研(图8.1)是成功创业的重要前提。在选择了行业之后,应考察哪个项目最可行,市场最大,竞争者有多少。应对创业外部环境、市场需求、竞争对手、投资成本、价格预测等进行全面的了解,以获取必要的信息。

市场调研主要是寻找目标市场可能的商机,为自己进入该商业领域提供定性定量依据。一个好的市场调查,要可信、可靠,它是投资的"眼睛",能够帮助确定市场定位和产品价格。市场调查报告一定要经得起推敲。经过调查,创业者不仅要对市场有所了解,还要能够了解到自己的竞争对手的状况。

图 8.1 市场调研

知识点拨

现在创业或者兴办企业一点不做市场调查的生意人越来越少,关键是市场调查的质量和方法,以及对市场调查的深浅程度的把握。有的人舍得花大价钱请专业市场调查公司来做，有的人则是自己走马观花看一看而已，这样市场调查的效果就完全不同。

3）筹集创业资金

创业时，资金是不可缺少的，而且是创业成功的必要保证。无论哪种创业形式，都需要有一定的启动资金，这就要求创业者应事先做一个预算，根据需要多渠道筹集原始资金（图8.2）。创业资金的来源一般情况下有自筹资金、银行贷款、基金项目合作、风险投资、政府扶持等。有了创业资金后，又必须解决资金如何用的问题，而要想用好创业资本，大学生必须学会分析几种基本的财务报表。

图 8.2　筹措创业资金

财 务 报 表

财务报表是公司的财务状况、经营业绩和发展趋势的综合反映，是投资者了解公司、决定投资行为的最全面、最翔实的，往往也是最可靠的第一手资料。大学生在创业时，应当掌握的几张财务报表是成本费用表、利润表、现金流量表、资产负债表，比较大的项目还需要进行敏感性分析。

4）撰写创业计划书

创业计划是保证创业成功的关键因素之一，是实践的行动指南。要想创业成功，必须根据初步确定的创业目标和自身条件，拟订一份创业计划书。学会撰写创业计划书是大学生创业的另一项重要技能。由于创业计划书要求创业者描述公司的创业机会，阐述创立公司、把握这一机会的进程，说明所需要的资源，揭示风险和预期回报，并提出行动建议，所以它是对创业者创业可行性的一次全面考验。没有任何创业经验的大学生，应该学会撰写创业计划书，并按照创业计划书的要求审视自己创业计划的可行性。

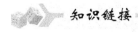

创业前的思考

大学生创业，绝对是一件值得骄傲的事情，但创业之路铺满了困难和潜在的风险。在加拿大一个为毕业生提供创业信息的政府网站上，政府鼓励毕业生创业的同时，也请雄心万丈的年轻人思考几个问题。这些问题同样也适合在国内创业的大学生们。

（1）关于你自己——有没有创业的动力？自我创业的念头是不是很坚定？是否具有创业者必须有的性格？在困难的状态下，是否有足够的独立性生存下去？有没有专业技术？能不能够解决经营一个企业必须面对的问题？什么是创业必须要学习的，应该向谁学习？

（2）关于你的企业——是否有人愿意购买你的产品和服务？如果没有，你如何探寻那些商机？

（3）关于创业支持——有没有资金？除了现有资金之外，是否还有别的资金来源？除了资金之外，还需要其他什么方面的投资？有些什么法律方面的问题需要思考？

"高风险，高回报"，这是毕业生面对就业和自我创业选择时需要思考和衡量的。

知识点拨

与那些每天穿着整齐的白领和相对稳定的雇员生活相比，做一个创业者将经历更多风险。毕竟开创新事业不仅需要勇气和才能，还需要运气。

5）办理法定手续

创办企业需要具有合法的营业资格，要具备合法的营业资格必须要到相关的行政管理部门（图8.3）办理手续。这些手续包括工商登记、税务登记、劳动保险、银行开户等。只有依照程序进行工商登记注册，企业经营才是合法的，才会受到保护。

图8.3 政府办事大厅

（1）向企业所在地的工商行政管理部门提出企业名称预选，核准申请书。经工商部门查阅核准后，给予认可。

（2）申请营业执照。申请营业执照时，须向工商部门提供名称、地址、负责人、资金数额、经济性质、经营范围、经营方式、经营期限和个人有效证件、照片、验资报告等情况。

（3）银行开户。经营者将所拥有的资金存进自己选定的银行，并开设银行账户。

（4）办理法人代码证书。根据现代企业的需要和保护企业法人的权利不受侵犯，经营者还须到当地技术监督部门办理《法人代码证书》。

（5）办理税务登记。依法纳税是每一个企业应尽的义务。所以，当经营者一拿到营业执照时，应携带营业执照（副本）复印件、居民身份证复印件、经营场所房屋产权复印件或房屋租赁合同复印件到当地的地方税务局办理《税务登记证》。

（6）办理卫生许可证（食品与餐饮行业）。需体验的企业员工到所在地区的卫生局的卫生防疫部门进行培训，以便办理个人健康合格证。部分企业向卫生防疫部门提出申请，办理卫生许可证。

（7）特种经营许可证。特种经营项目如旅馆业、印章刻制业、拍卖业、典当业、印刷业、废旧物品收购业、二手机动车交易市场、报废汽车回收拆解业、旧货市场等须到企业所在区的公安部门办理特种行业经营许可证。歌舞厅和卡拉OK等文化娱乐项目还要办理文化经营许可证。

（8）其他。上述手续是开办一家企业必不可少的，除此之外，企业经营者还要去电力、供水、燃料等部门办理相应的手续。如果雇用外来人员，要去公安局办理临时户口。对公司员工的住房公积金和养老保险、医疗保险、失业保险、生育保险等，要到劳动社会保障部门办理劳动保险等手续。

（9）申请开办登记表。办理完以上手续后，标志着开设一个企业所需的各职能部门的批准已完成，即可到所在区的工商行政管理办理《营业执照》，准备开业。

 知识点拨

大学生在自主创业实践中，由于主客观因素，不可能一帆风顺，机遇与风险、顺境与逆境、成功与失败同在。再充分的创业准备都可能不完善，再周密的创业计划也可能有遗漏，再团结的创业伙伴也会有摩擦，再雄厚的资金也有周转不灵的可能。这些都说明，在瞬息万变的创业环境中，能影响创业的不确定因素很多，谁都无法保证在下一个路口能选对方向，所以创业过程中遇到挫折与失败是再正常不过的事情。也许有时候会觉得前途一片茫然，有时候会觉得自己很无助，有时候又觉得创业太过辛苦，无法再继续……只有真正有胆识的人才能够脚踏实地地一步步干起，不畏压力和风险，最终获得成功。

课堂阅读8.1

调查客户需求

张三和李四在兰州的一家企业咨询公司工作，两人交流了创办企业的想法及如何进行客户需求调查。两人一致认为企业创办初期，应面向本地旅游区的游客，向旅游景点的商店供应价格便宜、式样简单，有地方文化特色的工艺品。今后如果企业想进一步发展，重点应转向公司客户，如旅游纪念品公司、工艺品公司、贸易公司等。这类客户对市场比较了解，除了选样订货外，一般指定所需款式，订货量也比商店的大，付款比较有把握，企业的风险小。而且，以后还可以与城里的装修公司合作，提供泥塑装饰品。

首先，了解客户需求。他们家方圆100千米内有六处旅游景点，以敦煌为主，都要乘长途车才能去。

他们没钱住旅店,只能每次带上干粮早出晚归,多跑几趟。张三需要考虑做什么样品、怎么做。李四需要考虑向谁推销、怎么推销,还有包装、运输、收款、信息收集等方面的事情。所以两个人都得直接去调查。他们决定分头去旅游点,混在人群里观察各种游客都喜欢买什么(式样、材质、大小、颜色、包装等)、成交价多少。他们还要设法向商店老板和摊贩打听流行纪念品的进货价、付款方式,每次都要买回几个畅销的纪念品样品作为参考。

其次,是收集竞争对手的信息。他们前后用了两个星期以办事或串亲戚的名义到邻村去打探。他们只看了两处作坊,别的没让进,大部分情况都是托亲戚朋友根据他列的简单调查表探听来的。他们了解到以下信息:

(1)附近已经有五家朱砂泥作坊,都是家庭式个体小企业,最早的已经开工三年,多数上马不到一年。

(2)这些企业雇用的工人从一名到八名不等,都是手工操作,最多的使用五个工作台;年产量最小的不到 1 万件,最大的 4 万来件,平均大约 2.4 万件。

(3)这些企业做的都是低价的简单工艺品,零售价在 1.5~5 元。

(4)每家的品种只有三四个,各家的款式大同小异,都是从别处抄袭来的,只是略加改动,并没有多少创新,用简单包装盒,或干脆没包装。

(5)单价的区别主要在于规格大小不同,另外还有外观、运输距离和销售环节等几个因素。

(6)各家都没有企业战略,摸着石头过河,唯一目标是想多赚钱。

(7)谁家都不打广告、不贴商标,没有一家自己开店,都找些亲戚或熟人在旅游点摆摊,同时也批发给商店、摊贩。

(8)还打听到兰州郊区有两个小厂,使用钢模制坯,产品精致,品种多,质量稳定,单价也高,最贵的 20 元,但目前还没能力与这样的企业比试,所以不直接与对手竞争。

(资料来源:根据网络资料整理)

8.3 创业的机遇与风险

很多人以为创业难于上青天望而却步,而有些涉世不深的人认为创业充满诱惑,忽略了创业的艰辛和其中的高度智慧。其实,创业过程中机遇与风险同在,特别是国家出台了一系列政策鼓励个人创业,对于大学生来说,目前创业则具有更多的机遇。

一、大学生创业的机遇

1. 创业机会较多

在发达国家,很多行业都已被大企业所占领,而这些企业有较高的市场占有率和品牌知名度,创业者在该行业发展相当困难。而在我国,有许多新兴行业,大家都处在同一起跑线上,创业者之间并无太大的实力差距,这给创业者提供了诸多机会。

2. 创业成本较低

世界银行最近对 133 个国家的调查显示,我国大学生的创业成本为人均收入的 14%,远远低于东南亚地区的 56.8% 的平均水平;我国劳动力价格远远低于发达国家,我国 2015 年月平均工资仅为 4 200 多元人民币,而美国的月平均工资为 3 000 多美元(1 美元约兑换 6.56 元人民币),是我国的 4 倍多。

3. 政府在政策和项目方面鼓励大学生自主创业

近年来，为解决大学生就业难题，鼓励大学生自主创业，国家出台了一系列配套措施（图 8.4），各省市也推出了一系列配套措施，内容涉及开业、融资、税收和培训等方面。在各地方制定的创业优惠政策中，更是对创业大学生的创业项目、办公场所、人员雇用、工商税务等方面制定了更加细致的政策。

图 8.4　大学生创业优惠政策

4. 就业观念有很大改变

目前，大学生的就业观念已悄然改变，逐渐从"为别人打工"的就业模式转变为"为自己打工"的创业模式。各高校也在积极探索大学生就业的新路径，引导大学生树立新的就业观念和创业意识，提供创业素质教育及创业扶持与帮助。

此外，国内外的投资公司、风险基金也逐渐开始关注校园创业者，这对大学生创业者来说也是一个福音。

二、大学生创业的风险

1. 创业初期

创业风险与其他事件的风险相比，其特点是创业风险发生的链条长，从项目选择、资金筹措、团队组建、产品生产、市场开拓及事业发展壮大等方面看，战线长，变数大，任何一个环节都有可能存在风险。这就要求创业人才在创业的过程中要学会规避、转移、补偿、抑制、评价、预测和管理风险的能力。成功的创业者是有计划地冒风险，而精明的创业者让其他团队人员一起共同分担风险。

2. 政策执行

对于创业者而言，有好的政策还远远不够，因为在社会实践中，政策的执行往往才是最关键的。同时，由于各地经济发展的不均衡，政策在各地执行的力度上也往往存在着很大的差异性。因此，创业者仅仅熟悉政策还不够，还要将企业的发展规划与各地的实际情况结合起来考虑，要提前规避政策执行层面上的风险。

3. 经验与能力

相对于大学生来说，创业者往往最缺乏的就是社会经验以及应对社会各类问题的能力。目前，高校的创业教育大部分还只限于知识层面上，缺乏全真环境下的生存技能教育。因此，创业者在实际创业过程中"学生气"很重，这种社会经验的缺乏会使创业者的企业面临更多的生存风险。

4. 社会环境与社会保障

创业的大学生在社会群体中还是一个非常小的群体，他们具有一定的特殊性。这是因为我国过去长期实行"分配"制度，使得社会对于创业者并不都是认可的。尽管近年来人们在观念上有所改变，但根深蒂固的"胜者为王"的价值观往往会让创业者要么急功近利，急于长大成为"佼佼者"，要么就畏首畏尾，缺乏进取的勇气与信心。因此，在社会环境还远没有达到人们所期望的理想状态时，创业者必须具备坚韧的性格和顽强的意志，只有这样才能在经济危机的大环境中生存下来。

 知识点拨

大学生自主创业，不仅要看到机遇与风险同在，更重要的是要有一种创业意识和创业精神，自主创业既不是一时心血来潮的下海经商，也不是普通的知识竞赛、毕业作品设计。它要求大学生能结合自己的一技之长，根据市场前景和社会需要研究出自己的创新成果，并把研究成果转化为生产力，创造出经济效益。即由知识的拥有者变成直接为社会创造价值、做出贡献的创业者。

 课堂阅读 8.2

大学生"倒爷"

小钱曾是一位因家庭困难而交不起学费的贫困大学生，为了圆大学梦，他在校园当起了"倒爷"，他发现校园经济其实存在很大商机。于是，他成为校园经济的开拓者，使他淘到了第一桶金。

小钱大学经过三年的经营和原始资本积累，他拥有了自己的公司，成为陕西省在校大学生创业成功的第一人。期间，他不仅替父母偿还了家里所有的债务，摘去了"贫困生"的帽子，圆了求学梦，而且还为事业的起步奠定了坚实的基础。目前，他的个人资产达千万元。

大学开学第三天的下午，刚从自修室回来的小钱正独自在寝室里翻阅教材，突然一位师哥推门进来，向他推销随身听。尽管师兄说了很多话，可小钱却无动于衷。正在这时，几位室友回到宿舍。结果这位师兄没费多少口舌，书包里的 4 部随身听被以每部 80 元的价格卖给室友。眼前的一幕深深地触动了小钱，他隐约觉得自己的身旁就有一个"发财"的良机。当晚，小钱就在谋划着自己当"倒爷"的事，直到进入梦乡。

第二天，小钱通过向本地学生和大三的老乡们打听，他很快知道了在西安东郊有两处小商品批发城。经过考察，小钱以每台 15 元的价格批发了 6 部那位师兄推销的随身听。拿到学生宿舍后，结果 6 部随身听一倒手净赚了 300 元。之后，他便一发不可收拾。学校的同学刚使用卡式电话时，他就打听找到了 IC 卡经销商，把更低廉的电话卡介绍给同学。后来，游泳课的游泳衣、考研的资料、英语磁带，他都在校园里倒腾。

后来，小钱受同学之邀去了重庆大学，在夜市摊位上，几位经营米线生意的研究生让小钱有了创业的想法。回到西安后，小钱找来两位同学一起讨论，当谈到对校园市场的开发设想时，三个人一拍即合，决定成立一个利用创业协会人力资源做校园市场的校园信息服务中心,中心定名为"三人行",以校园和学生需求为市场开展介绍家教、校园活动策划、产品展示、市场调查及小网站建设等业务。

某年9月,在迎接新生的时候,小钱发现新生宿舍里的电话接线上都没有配电话机。很多新生打电话都涌到电话亭和IC电话处。他立即召集"三人行"的成员商量给学生宿舍里装电话机,大家协商后,由小钱和学校相关部门联系,取得学校的允许和支持,在很短的时间内给大一所有宿舍都装上了电话机。在接下来的几天里,他们迅速把业务扩展到周围的几所大学。没几天的工夫,周围十几所大学的新生宿舍全部装上了电话,这一次他们净赚了10余万元。这时,小钱开始不满足于校园里的小打小闹了,他坚信,到社会里去闯一闯一定能赚到大钱,前方有更大的事业在等着他。

一次,小钱看到电视新闻里各国元首都穿着唐装。他就想,西安是盛唐故都,有着千年的文化积淀,今后这里一定会兴起一轮唐装热。说干就干,小钱开始带领他的"团队"走访西安大大小小的服装厂和服装批发点,以便得到更准确的市场信息。可是,经过调研后他们发现,唐装制作成本较高且工序复杂。丝绸是做唐装的唯一材料,它的来源一定会因为唐装的流行出现"洛阳纸贵"的现象。考虑成熟后,小钱用手里的存款到无锡、常州购进了一批丝绸,没想到货还在路上时,订单就已经被抢完了,这一笔生意他稳赚了近十万元。

一年后,小钱等三人已经拥有了50余万元,他们注册成立了自己的"大学生"公司,这是西安高新技术开发区管委会注册成立的第一家在校本科生全资创业公司。

春节时,小钱揣着一年来丰厚的收入,回到安徽和家人共同度节日。当小钱把孝敬父母的礼物呈到父母的眼前时,父母热泪盈眶。临近开学,小钱把父母带到了西安,他兴奋地打开了当年定下的目标书:"还清家里的债务,接父母来西安居住,坐一次飞机。"这是他定在这一年里要实现的三个基本目标。在小钱在日记中曾这样写道:"没有鸟飞过的天空我飞。"

(资料来源:大学生创业网,chuangye.yjbys.com/gus,2015.4.29,有改动)

8.4 企业的社会责任

如果一个企业不仅承担了法律上和经济上的义务,而且承担了"追求对社会有利的长期目标"的义务,那么可以说该企业是有社会责任的。

一、企业社会责任概述

1. 社会责任

社会责任是指一个组织对社会应负的责任。一个组织应以一种有利于社会的方式进行经营和管理。社会责任通常是指组织承担的高于组织自己目标的社会义务。

社会责任包括企业环境保护、安全生产、社会道德及公共利益等方面,由经济责任、持续发展责任、法律责任和道德责任等构成。这里不仅指企业责任,还有其他的社会责任。

社 会 责 任

社会责任是社会法和经济法中规定的个体对社会整体承担的责任,是由角色义务责任和法律责任构成的二元结构体系。责任分为两种:第一种是指分内应做的事,如职责、尽责任、岗位责任等。这种责任实际上是一种角色义务责任或者说是预期责任。第二种责任是因没有做好分内之事(没有履行角色义务）或没有履行助长义务而应承担一定形式的不利后果或强制性义务，即过去责任，如违约责任、侵权责任等。

2. 企业社会责任

企业的社会责任就是提高企业在创造利润、追求自身利益的同时，面对社会的需要和各种社会问题，为维护国家、社会和人类的利益所应承担的相应义务。但从本质上，追求企业社会责任的公司，需要做以下三件重要的事情：

（1）公司认的经营活动对其所处的社会将产生很大影响，而社会发展同样也会影响公司追求企业成功的能力。

（2）作为响应，公司积极管理其世界范围内的经营活动在经济、社会、环境等方面的影响，不仅使其为公司的业务运作和企业声誉带来好处，而且还使其造福于企业所在地区的社会团体。

（3）公司通过与其他群体和组织、地方团体、社会和政府部门进行密切合作，来实现这些利益。

二、履行社会责任的必要性

1. 实现企业利益最大化

在理论界，长期存在着一种否认企业应该承担社会责任的观点，其中最为典型的代表就是诺贝尔经济学获得者美国经济学家米尔顿·弗里德曼的观点，他认为企业是假想人，无责任可言，企业如承担社会责任就违背了股东的利益，企业的唯一目的就是赚钱。这种认识显然是错误的，它把企业看成独立于社会之外的纯经济组织，是一部赚钱的机器。而更多的学者则认为，企业履行社会责任，从根本上讲，不仅不会与企业利益最大化相矛盾，而且有利于实现企业利益最大化。美国管理学家彼得·德鲁克认为："企业的目的必须在企业本身之外，事实上，企业的目的必须在社会之中，因为工商企业是社会的一种器官。"

企业要赚钱，这是任何一个兴办企业的人最基本的合理愿望。问题在于，在现代社会中，企业应怎样去赚钱，企业绝不能把盈利建立在无视社会相关法律和道德规范基础上，绝不能通过制假贩假、坑蒙拐骗、污染环境等卑鄙手段赚黑心钱。事实上，在现代社会中，盈利状况最好的企业，往往也是履行社会责任最自觉的企业。

小案例

据中华英才网面向全国 600 多所高校在校生《中国大学生最佳雇主人气调查》结果显示，海尔、联想、华为等企业是大学生心目中的最佳雇主。大量的研究表明，企业的社会责任同经济绩效之间存在着一种正相关关系，履行社会责任能帮助企业获得一系列的实际利益，包括销售额和市场份额的增加、品牌地位的稳定以及营运成本的降低。

2. 塑造良好的企业形象

企业形象是企业对外影响力的综合表现，是包括消费者在内的社会公众对企业的综合印象，也是企业竞争力的重要内容，对于企业在市场中的兴衰成败有重大影响。企业形象的好坏，不是看这个企业有多会赚钱，赚了多少钱；而是企业在长期生产经营中为消费者提供优质产品和服务过程中，逐渐被消费者接受和认同的东西，是企业在自觉履行社会责任过程中逐渐形成的。因此，企业要获得成功，管理者在做出决策时，必须把承担社会责任作为战略思想的重要组成部分。

小案例

"三鹿"集团经过几十年的发展，在消费者中已经树立了较好的形象，其产品的市场占有率也不断提升。但是，"三鹿"集团在其产品中添加三聚氰胺制造毒奶粉事件被曝光后，引起社会的强烈关注，这种严重的违法行为，既损害了消费者的利益，超越了市场经济的道德和法律底线，又自毁了"三鹿"集团的形象，最终被迫宣告破产。

大多数优势企业之所以在广大消费者心目中具有良好形象，除了他们经营有方外，与他们自觉履行社会责任有直接的关系。在我国，通过自觉履行社会责任树立形象的企业越来越多，出现了像海尔、联想、华为等一大批优势企业。这些企业通过自己依法诚信经营，关心公益事业，开展扶贫救济等活动，赢得了社会和民众的理解、支持和信任，增加了企业的无形资产，提高了企业的社会美誉度，树立了负责任的企业的良好社会形象，极大提高了中国企业的影响力，进而提升了中国企业的市场竞争力。

小案例

宜宾五粮液股份有限公司在生产经营过程中，始终能自觉履行社会责任，不仅获得了良好的经济效益，也赢得社会的广泛好评。汶川大地震发生后，五粮液集团捐款 7 000 万元，为灾区重建做出了重要贡献。集团还积极参加发展订单农业、扶贫工作和各项公益事业。2008 年，五粮液集团荣获"中华慈善奖"。

3．增强企业的内聚力

企业形象是企业的对外影响力，内聚力则是企业生存和发展的根本力量和原因。企业的内聚力状况如何，取决于多种因素，但企业能否自觉履行社会责任则是其中非常重要的因素。

企业履行社会责任对内最根本的就是必须始终坚持以人为本的管理思想，了解员工的需要、善待每一位员工，创造条件不断改善员工的福利待遇，营造一个安全、洁净的工作环境，为每个员工的提高和发展提供广阔的空间。

知识点拨

内聚力是一个企业核心竞争力的本质所在，如果一个企业一盘散沙，内部勾心斗角，员工人心动摇，不管这个企业设备再先进，领导有多大能力，这个企业也是毫无前途可言的。

早在 20 世纪二三十年代，美国著名管理学家乔治·埃尔顿·梅奥在霍桑实验中就得出了一个重要结论，员工的积极性来源于企业内部人际关系的协调，来源于员工高昂的士气。因此,企业的高层管理者必须始终注重在生产经营过程中要保护劳动者的人身安全、身心健康和合法权益,要创造良好的工作环境,提供合理的工作报酬和适当的工作保障,建设先进的企业文化,实行民主管理,想尽一切办法调动员工的积极性和创造性,提高企业对员工的吸引力和员工对企业的忠诚度。同时,企业不仅要善待员工,还应积极参加社会活动,自觉履行社会责任,这对吸引员工和投资者也非常重要。

小案例

据美国相关调研公司研究表明:与那些没有参与公益事业的企业相比,积极参加公益事业活动的企业员工对本企业价值观感到骄傲的员工比例要高出 38%。在企业公民责任调查中,在美国全国范围内抽样调查了 1 040 位具有代表性的成年人,其中有 80%的被调查者说,如果他们发现了该企业有负面的公民责任事件或行为,那么他们会拒绝为这家企业工作。

4. 有利于社会的可持续发展

建立一个可持续发展的社会,是一个利在当代、功在千秋的伟大事业,也是全人类共同奋斗的目标,作为社会器官的企业在建设可持续发展社会中也责无旁贷。

例如,生态被严重破坏,环境遭到严重污染,是当今世界面临的一个共同的严重问题。企业作为自然资源的主要消费者,应当自觉承担起节约自然资源、科学利用和自觉保护自然资源的责任,企业应自觉防止对环境造成污染和破坏,坚决反对和制止少数企业只顾自身利益,不顾他人和社会利益,只顾眼前利益,不顾长远利益,特别是以牺牲环境为代价取得自身眼前利益的违法犯罪行为。对社会来说,环境代价是巨大的,后果是严重的。特别像我们这样一个人口众多、资源相对匮乏、环境脆弱的发展中大国,改革开放以来,我国经济一直处在高速发展中,取得了举世瞩目的成就,但同时,我们也付出了惨重的环境代价,资源浪费、环境破坏等比比皆是,而且相当突出。这些问题应该引起高度重视,环境道德应该成为企业承担社会责任的核心内容,每个企业都应该树立先进的资源观和环境观,这既是企业利益所在,更是建立可持续发展社会的必然要求。

企业的价值目标、道德信念和行为方式对社会生活和各个领域都会产生广泛而深远的影响,拥有良好社会形象和信誉的企业将在社会发展中发挥带头和示范作用,从而促进社会的可持续发展。在实践科学发展观、构建和谐社会的今天,对于那些损害消费者权益、破坏环境、危害社会公共利益的项目和企业,哪怕经济效益再好,也必须坚决停止或关掉。

现代企业在追逐利润最大化和价值最大化的同时,必须要积极承担起为股东、员工、利益相关者,为生态环境及社会负责的重任。企业应该与社会、企业与环境的有机统一,不断提升企业的核心竞争力,实现企业的可持续发展,并以企业的可持续发展支撑经济社会的可持续发展。

课堂阅读 8.3

鲁冠球的一封信

一系列奶制品事件发生后,引起了人们的反思。对此,万向集团董事局主席鲁冠球提笔撰文,向所属的各单位负责人发了一封公开信,全文如下:

【点评参考】

各位负责人：

奶制品事件再次教育了我们，任何私利都不能凌驾于公众利益之上，企业经营要以德为本，损人利己即自取灭亡。

另外，发展不能超越自己的能力，安全永远比速度重要。

从古至今，谁都不能脱离社会责任谈发展，社会责任是企业存在的前提，是企业价值的体现，是市场信誉的积累，更是我们创建世界名牌企业的基石。

鲁冠球
××××年××月××日

创业指导

（1）创业是一项复杂的系统工程，它要求创业者随时解决涉及方方面面的问题。

（2）在创业之初要分析创业环境、提升创业能力、形成创业构思，还应了解有关政策法规、明确创业流程、撰写创业计划书、掌握创业的实施步骤。创业者一旦开始创业投入，就意味着开弓没有回头箭。

（3）通过自己创业，从而带动更多的同学就业，可为社会做出应有的贡献，实现自己的人生价值。

（4）企业的创建、发展、壮大，都离不开社会的支持。当企业发展之后，热心于社会公益事业，回报社会，这就是企业的社会责任。

拓展与思考

匆匆开店匆匆关张

准备创业的人都会遇到一个相同的问题：何时迈出第一步？这个命题不会有标准答案。但是否真正做好了准备，却往往是决定创业成败的关键。

赵某原来的工作是保险经纪人，工作不稳定，收入波动大，总感觉身不由己。某年年底，她决定从原公司离职。"玩了两个月，从次年年初想到盘下一家小店，我只用了一个月的时间，现在想想，确实是对困难估计不足。"她盘下的店面位于隆福寺街，那是北京一条著名的服装小店聚集的街面，因为著名，所以铺面的租金也贵。虽然当时她接手的小店仅有12平方米，但是一个月的租金也要16 500元。租下这个店后，她开始着手装修。由于她对装修要求很高，这个12平方米的空间，装修连内到外一共花去了15 000元。

相比之下，她对于货源的准备甚至比店铺要仓促。听别人说广州的货好，于是她在装修店铺的同时，就坐上火车奔赴广州了，后来她又得知货源其实是在深圳。于是紧接着，她前往深圳，并且找到了货源集散的市场，至此她终于找到了进货的渠道。"不过因为时间紧急，我只有一天的时间进货，结果匆忙之下拿的货不太符合市场行情，这一点是我回到北京，小店正式开业以后才发现的。"她这一次进货花去了将近3万元。"但因为进货成本实在高，这点钱其实根本没购进多少衣服，再加上服装风格也不是很适合当时的市场，3月底小店开业后生意不太好。当时我觉得是因为自己没有经验，所以也没有特别着急。"她认为很快就会扭转局面。

然而，事情并没有按照她计划的那样进行。4月，"非典"来了，街上人都没有。她很无奈，因为流动资金已经捉襟见肘。迫于无奈，她之后把存货全部赔本甩卖，希望用回笼的资金调整货源。

但是由于房租太贵，又请了一位店员，每月的费用实在太高。刨除服装的成本、店面的租金、经营的费用之后还是挣不到钱。之后和房东几次商量降低租金未果，实在支撑不下去，小店最终于年底关张了。

（资料来源：牛犊网，www.newdur.com/post/20，2015.2.7，有改动）

【点评参考】

思 考 题

（1）新创企业的成功要素有哪些？
（2）大学生创业需要承担社会责任吗？
（3）寻找你身边的创业者，可以是成功的也可以是失败的，分析一下他们成功或失败的原因。

创业素质测评 4

看看自己是否为创业做好了准备

(1) 你对创业的法律形式是否明确？
是□   不确定□   否□
(2) 你有把握筹集到创建自己企业的启动资金吗？
是□   不确定□   否□
(3) 你确定了将要出售的商品或提供的服务吗？
是□   不确定□   否□
(4) 你是否做了市场细分并确定了你的销售对象？
是□   不确定□   否□
(5) 你是否访问过 10 位以上的潜在顾客，并向他们了解对你的产品或服务的意见？
是□   不确定□   否□
(6) 你是否知道谁是你的现实或潜在的竞争对手？
是□   不确定□   否□
(7) 你对主要竞争对手做过优势和劣势的比较吗？
是□   不确定□   否□
(8) 你的开业地址确定了吗？
是□   不确定□   否□
(9) 你对销售的商品或提供的服务制定出价目表了吗？
是□   不确定□   否□
(10) 你是否决定花一部分钱做广告宣传？
是□   不确定□   否□
(11) 你对企业的促销做了预算了吗？
是□   不确定□   否□

(12) 你是否已经做了一年的销售预算？
　　是□　　不确定□　　否□
(13) 你是否已经根据预算做出了盈亏平衡分析？
　　是□　　不确定□　　否□
(14) 你对开业一年的损益状况做出预测分析吗？
　　是□　　不确定□　　否□
(15) 你第一年的经营状况能保证不亏吗？
　　是□　　不确定□　　否□
(16) 你制订了第一年的现金流量计划吗？
　　是□　　不确定□　　否□
(17) 你和开业有关的政府各部门都接洽过吗？
　　是□　　不确定□　　否□
(18) 如果向银行借款，你是否有担保的资产？
　　是□　　不确定□　　否□
(19) 你知道需要怎样的员工和员工的数量吗？
　　是□　　不确定□　　否□
(20) 你知道雇用员工所必须了解的法律知识吗？
　　是□　　不确定□　　否□
(21) 你知道对员工必须承担的责任和义务吗？
　　是□　　不确定□　　否□
(22) 你知道什么是为职工缴纳的"三金"吗？
　　是□　　不确定□　　否□
(23) 你知道你的企业必须投保哪些险种吗？
　　是□　　不确定□　　否□
(24) 你是否知道你的企业需要办理"特种行业"的申办手续吗？
　　是□　　不确定□　　否□
(25) 你对申办企业的手续做过详尽的咨询和调查吗？
　　是□　　不确定□　　否□
(26) 你清楚你的企业必须申办哪些许可证吗？
　　是□　　不确定□　　否□
(27) 你是否为申办你的企业制定了申办流程和期限表？
　　是□　　不确定□　　否□
(28) 你对将涉足的行业了解吗？
　　是□　　不确定□　　否□
(29) 你办企业是否获得家人的支持并已经安排好了家庭开支？
　　是□　　不确定□　　否□
(30) 你是否坚信一定能把自己的企业办好？
　　是□　　不确定□　　否□

评分标准：

选择"是"得3分，选择"不确定"得1分，选择"否"得0分。打钩选择。

满分为90分。如果你的得分为60分或以下，建议你再做努力，等准备较为充分时再进入创业实施阶段。

附录

高职毕业生的创业体验

我叫×××，20××年毕业于天津××××学院物流管理专业。我是一个很热爱物流行业的人，一直期望自己能成为物流界的精英。兴趣是我最好的老师，也是我学习的动力。我觉得我们在学校里学习的知识只是一个基础，踏入社会后，我们更需要学习。在学习的同时我总会通过各种途径来丰富自己的知识，例如看书、上网。我是一个嗜好上网的人，但在网上从不玩游戏、看电影等，大部分时间都用来寻找商机、洽谈客户和借鉴成功经验。

在校期间，我曾经担任学生干部，经常利用课余时间，到社会上勤工俭学，积累实践经验。毕业前，我来到一家物流公司实习，在工作中踏实肯干，认真地去了解物流行业，梦想什么时候也能够创办自己公司，同时我也把创办自己的物流公司定为我的人生目标。公司经理非常理解我，我就把创业想法向他详细地讲了出来，他不但没有在后来的工作中排斥我，反而从多方面引导我。即将毕业时，他帮我联系了公司厂房，还帮我办理了公司执照。

拿到毕业证后，我就创办了自己的物流公司。经过近两年的奋斗，我创办的物流公司小有规模。起初公司主要经营国内公路运输，自从次年我们物流园区组织各公司负责人到天津港参观后，我看到了物流业发展的前景，有了更高的目标。于是在同年开创了国际货运这项业务，这个项目营业额目前已经达到公司营业额的 30%，与我公司合作的知名企业有三星电子、LG、蒙牛乳业、河南建业集团等。

短短 2 年的时间，我公司已经成为物流园区的前三强。下一年我们将全力以赴，投入又一个新的国际货运项目。

在公司管理上，我注重"以人为本"的理念，尊重人的特长，达到人力资源的最优化配置。公司在成立之初仅5人，目前已发展到近30人的团队，并设有商务部、财务部、人力资源部、客服部、推广部等部门，团队分工明确、工作高效。我认为公司发展的基础就是人力资源，所以我特别尊重人才，大家同在一条船上，只是我是船长，需要把更多的关怀给我的船员。

目前，天津涌现了很多大规模的经济开发区，这使我非常兴奋，让我感受到了物流业发展壮大的灿烂前景。在我看来，要做好物流，首先要立足现在，并着眼未来，弄清楚你运营的项目能够给客户带来什么，同时做好发展规划。当发展到一定的程度，应该考虑吸收一些合适的资源和先进的管理模式，这样才能够保证公司的发展速度，否则很容易被别人抄袭甚至封杀。

尽管公司在天津物流界已经崭露头角，稳步发展，但是我还有更高的目标：吸收更多资金打造一个全国性物流运输网络，加强经营管理，让公司走上中国物流行业百强的道路。

（资料来源：翟鸿萱，天津轻工职业技术学院创业教育指导中心，2014.8，有改动）

"挑战杯"创业计划书写作指南

"挑战杯"大学生创业计划竞赛是融合了知识学习与人格培养，培养强劲的社会竞争力与国际竞争力、就业竞争力与创业竞争力的竞赛。

1. 参赛要求

参赛者根据自身的素质和能力组成优势互补的竞赛小组，提出一个具有市场前景的产品或服务方向（具体来源包括：参赛小组成员参与的发明创造、专利技术或课外制作；经授权的发明创造或专利技术，引用其产品；或是一项可能研究发现的概念产品或服务方向），并围绕这一产品或服务完成一份具体、完整、深入的商业计划，以吸引风险投资，并投入实际运作。

2. 竞赛的项目

某种高科技产品；某种具有广泛市场，能给人们带来极大方便的制作或产品；某种全新的服务理念；某种可以实现的概念产品。

3. 项目的来源

它可以是个人发明创造的项目，如团队成员参与的发明创造、专利技术或课外制作，也可能研发实现的概念产品，或者是一种全新的服务。项目也可以是他人授权项目，如经授权的发明创造或专利技术（提供具有法律效率的书面授权许可）。

4. 项目的选择标准

项目的选择标准：具有高科技、新创意、有市场、高效益、低风险。总之，产权明晰，拥有技术与工艺的创新性，具有快速增长和巨大的市场潜力和可持续的竞争优势。

创业计划竞赛要求参与者组成优势互补的竞赛小组，提出一个具有市场前景的产品/服务，围绕着一项产品/服务完成一份完整、具体、深入的创业计划，以描述公司的创业机会，并提出行动建议。创业计划聚焦于特定的策略、目标、计划和行动，对于一个非技术背景的有兴趣的人士来说应清晰、易读。创业计划可能的读者包括希望吸纳进入团体的对象，可能的投资人、合作伙伴、供应商，顾客，政府机构。

5. 创业计划书的组成部分

创业计划书一般包括执行总结，创业背景和公司概况，市场调查和分析，公司战略，总体进度安排，关键的风险、问题和假定，管理团队，企业经济状况，财务预测，公司能够提供的利益十个方面。

（1）执行总结。它是创业计划的一到两页的概括，包括本创业简单描述、机会概述、目标市场的描述和预测、竞争优势、经济状况和盈利能力预测、团队概述、提供的利益。

（2）产业背景和公司概况。包括详细的市场描述、主要竞争对手、市场驱动力。公司概述应包括详细的产品/服务描述及它如何满足关键的顾客需求，进入策略。

（3）市场调查和分析。应阐释顾客、市场容量和趋势、竞争和各自的竞争优势、估计的市场份额和销售额、市场发展的走势。具体变量包括：顾客、市场容量和趋势、竞争对手的竞争优势、估计市场份额和销售额、市场发展的趋势。

（4）公司战略与生产运作。阐述公司如何进行竞争，它包括三个问题：第一，营销计划，即定价和分销、广告和促销；第二，规划和开发计划，即开发组织和目标、困难和风险；第三，制造和运作计划，即运作计划、设备和改进。

（5）总体进度安排。公司的进度包括收入、收支平衡和现金流、市场份额、产品开发、主要合作伙伴、融资。

（6）关键的风险、问题和假定。说明要如何应付风险的问题（紧急计划）。

（7）管理团队。介绍公司的管理团队，其中要注意介绍成员与管理公司有关的教育和工作背景（注意管理分工和互补）；介绍领导层成员、创业顾问及主要的投资人和持股情况。

（8）企业经济状况。介绍公司的财务计划，讨论关键的财务表现驱动因素。一定要讨论如下几个杠杆：毛利和净利、盈利能力和持久性、固定成本与可变成本、达到收支平衡所需的时间、达到正现金流所需的时间。

（9）财务预测。包括收入报告、平衡报表、前两年为季度报表，以及同一时期的估计现金流分析和成本控制系统。

（10）公司能够提供的利益。这是创业计划的"卖点"，包括总体的资金需求、融资中需要的资金、如何使用这些资金、投资人可以得到的回报、可能的投资人退出策略。

"挑战杯"决赛答辩评价标准

1. 正式陈述

评定团队正式陈述的各项标准：

（1）产品与服务介绍。全面且客观的介绍和评价产品与服务的特点、性质和市场前景。

（2）市场分析。对市场进行了细致的调查，并对调查结果进行严密和科学的分析。

（3）公司战略及营销战略。公司拥有短期和长期发展战略及应对不同时期营销战略。

（4）团队能力和经营管理。对本公司的团队能力有清晰的认识，掌握并熟知本团队经营管理的特点，明确公司经营和组织结构情况。

（5）企业经济/财务状况。公司不同经营时期的经济/财务状况清晰明了，经济/财务报表具有严密性。

（6）融资方案和回报。有完善且符合实际的企业融资方案，并进行企业的资本回报率的测算。

（7）关键的风险及问题的分析。对企业的经营中可能遇到的关键风险和问题进行过先期考虑和分析，并附有实质性的对策。

2. 回答问题

评定团队回答提问的各项标准：

（1）正确理解评委提问。对评委问题的要点有准确的理解，回答具有针对性而不是泛泛而谈。

（2）及时流畅做出回答。能在评委提问结束后迅速做出回答，回答内容连贯、条理清楚。

（3）回答内容准确可信。回答内容建立在准确的事实和可信的逻辑推理上。

（4）特定方面的充分阐述。对评委特别提出的方面能做出充分的说明和解释。

3. 整体表现

评定团队整体表现的标准：

（1）整体答辩的逻辑性及清晰程度。陈述和回答提问的内容具有整体一致性，语言清晰明了。

（2）团队成员协作配合。团队成员在陈述时有较好的配合，能协调合作，彼此互补，对相关领域的问题能阐述清楚。

（3）在规定时间内有效回答。在规定时间内回答评委提问，无拖延时间的行为。

"挑战杯"全国大学生课外学术科技作品竞赛历届回顾

第一届竞赛于1989年在清华大学举行。1988年，清华大学首次设立校内"挑战杯"竞赛。次年，在国家的支持下，清华大学等34所高校和全国学联、中国科协及部分媒体联合发起举办了首届"挑战杯"大学生课外科技活动成果展览暨技术交流会。清华大学获得"挑战杯"。

第二届竞赛于1991年在浙江大学举行。本届竞赛由共青团中央、中国科协、全国学联主办。"挑战杯"全国大学生课外学术科技作品竞赛名称正式确定并沿用至今。这届竞赛初步建立了选拔、申报、评审的竞赛机制；确立组委会和评委会各自独立运作的竞赛机构；形成了两年一届、高校承办的组织方式。上海交通大学获得"挑战杯"。

第三届竞赛于1993年在上海交通大学举行。通过本届竞赛的举办，"挑战杯"竞赛的各项机制得到进一步完善和加强。北京大学获得"挑战杯"。

第四届竞赛于1995年在武汉大学举行。周光召、朱光亚等100名著名科学家为大赛寄语勉励。复旦大学获得"挑战杯"。

第五届竞赛于1997年在南京理工大学举行。香港地区的大学生首次组团参与竞赛活动。清华大学获得"挑战杯"。

第六届竞赛于1999年在重庆大学举行。重庆市政府成为主办方之一，这是省级政府首次参与赛事主办。香港地区的9所高校的40件作品直接进入终审决赛。竞赛协议项目43个，转让总金额超过1亿元，转让金额超过前五届的总和。

第七届竞赛于2001年在西安交通大学举行。这是"挑战杯"竞赛首次在西北地区举行终审决赛。西安外事学院成为第一所参加"挑战杯"竞赛的民办高校。本届高校还首次实现了内地和港澳台地区的大学生同台竞技交流。

第八届竞赛于2003年在华南理工大学举行。来自国内31个省、自治区、直辖市和港澳台地区，以及新加坡等地高校的师生代表及企业界、新闻界人士近万人参加了开幕式。共有18件"挑战杯"参赛作品成功转让，总成交额达到1 300万元。其中，单件作品最高成交额800万元。清华大学获得"挑战杯"。

第九届竞赛于2005年在复旦大学举行。本届"挑战杯"竞赛成为前九届竞赛中参赛高校最多、参赛作品最多的一届，共有1 107件入围复赛。台湾地区高校首次正式组团参赛。设立飞利浦科技多米诺大赛，成为国内大学生校际之间的首次多米诺正规赛事。首次以公开答辩的方式进行最后的评审。复旦大学获得"挑战杯"。

第十届竞赛于2007年在南开大学举办，来自国内外的300多所高校3 000多名师生参加了决赛。东南大学夺得第十届"挑战杯"。全体参赛学生向全国大学生发出"努力成为推动创新型国家建设的生力军"的倡议。决赛期间，举办了学生学术科技作品展、创新型人才培养系列论坛、天津滨海新区开发开放报告会、学生科技成果转化洽谈会、港澳台地区高校学生座谈会。109位两院院士在内的161位海内外知名人士为竞赛题词。

第十一届竞赛于2009年在北京航空航天大学举办。本届"挑战杯"有1 106件项目（其中文科616件、理科490件）进入终审决赛，入围高校达432个。竞赛信息化是本届挑战杯竞赛特点之一，组委会邀请专家组开发竞赛官方网站、完善全国大学生科技成果信息服务平台，第一次在挑战杯引入网络申报、网络评审的机制，全程实现网络信息化服务。

第十二届竞赛于2011年在大连理工大学举办。本届"挑战杯"自3月启动以来，相继开展了校级、省级、全国级三级竞赛，并首次采用了逐级报备制度。截至6月底，共有1 900多所高校的近5万件作品实现了网络报备。经全国评委会预赛、复审，最终有来自305个高校的1 252件作品进入终审决赛。港澳地区12所大学的55件作品也参加了比赛。

第十三届"挑战杯"全国大学生课外学术科技作品竞赛2013年在苏州大学举办。本届竞赛共有包括港澳台地区高校参赛团队在内的531所高校的1 464件作品进入全国复赛，最终有454所高校的1 195件作品进入终审决赛。

第十四届"挑战杯"全国大学生课外学术科技作品竞赛，由共青团中央、中国科协、教育部、全国学联、广东省人民政府主办，广东工业大学、香港科技大学共同承办，于2015年11月20日结束。经过网络初评、集中复评、决赛答辩，竞赛评审委员会最终评出特等奖作品38件、一等奖作品124件、二等奖作品318件、三等奖作品759件。

参 考 文 献

[1] 张琼，等. 方向企业文化[M]. 北京：机械工业出版社，2013.
[2] 李克敏，孙娟. 创业概论[M]. 北京：经济科学出版社，2012.
[3] 关晓丽，等. 创业基础[M]. 北京：人民出版社，2014.
[4] 李家华，等. 创业基础[M]. 2版. 北京：清华大学出版社，2015.
[5] 陈尊厚，等. 创新与创业[M]. 北京：经济科学出版社，2014.
[6] 傅筠，等. 创新·创业与就业[M]. 北京：机械工业出版社，2009.
[7] 宫承波. 创新思维训练[M]. 北京：中国广播电视出版社，2014.
[8] 曹莲霞. 创新思维与创新技法新编[M]. 北京：中国经济出版社，2010.
[9] 王小玲. 就业与创业指导[M]. 北京：知识产权出版社，2007.
[10] 赵伟，等. 创业实训[M]. 北京：中国劳动社会保障出版社，2015.
[11] 金和. 中国青年创业指南[M]. 北京：中国纺织出版社，2008.
[12] 应秀芳. 创业指导与案例分析[M]. 杭州：浙江大学出版社，2006.
[13] 王艳茹，等. 创业资源[M]. 北京：清华大学出版社，2014.
[14] 全国创业培训工作指导委员会创业实训项目专家办公室，全球模拟公司联合体中国中心. 创业实训手册[M]. 北京：中国劳动社会保障出版社，2013.
[15] 张建龙. 如何培养当代大学生创新思维能力[J]. 企业导报，2011（6）：192-193.